Erik van Slooten

Traditionelle Horoskopdeutung

Standardwerke der Astrologie

Erik van Slooten

Traditionelle Horoskopdeutung

Ein Lehrgang zum Selbststudium

ISBN 978-3-89997-223-8

Deutsche Erstausgabe
2. Auflage 2020

Die Horoskopgrafiken wurden mit Astroplus erstellt
Umschlag: Judith Hamann, Tübingen
Satz: Ronald Parusel, Sigmaringen
Titelbild: ©istockphoto.com
Druck: Finidr, Český Těšín

Zu beziehen über den Buchhandel oder direkt beim
Chiron Verlag, Postfach 1250, D-72002 Tübingen
www. chironverlag.com

Inhalt

Zum Geleit

Dieses Buch, unter anderem Frucht meiner faszinierenden Entdeckungsreise der letzten Jahre durch die Hellenistische Astrologie, ist eine gründliche Überarbeitung meines Buches *Klassische Horoskopdeutung*. Ich wollte dieses neue Buch zuerst *Klassische Radixdeutung* nennen, aber dieser Titel lautete zu ähnlich. Warum ich inzwischen den Begriff *traditionell* ohnehin angebrachter als *klassisch* finde, erkläre ich in Kapitel 1.

Die wichtigste Änderung und Neuerung ist die Orientierung an der Hellenistischen Astrologie, was auch dazu geführt hat, dass in diesem Buch das Ganzzeichenhäuser-System und die dazugehörige Aspektbildung benutzt werden. Auch werden am Ende dieses Bandes die von den moderneren Auffassungen ziemlich abweichenden Hellenistischen Häuserbedeutungen aus-führlich beschrieben und erklärt.

Ich freue mich sehr, dass meine Kollegin Elke Jurasszovich bereit war, in Kapitel 15 den Abschnitt über Profektionen zu schreiben und die Korrektur des ganzen Manuskripts zu übernehmen. Das Wissen und die Informationen über Hellenistische Astrologie verdanke ich vor allem meinem Freund und Kollegen Martien Hermes.

Dank auch an meinen Schüler Dr. Thomas Scharmann, der mich davon überzeugt hat, dass ich unbedingt auch das Horoskop von Adolf Hitler ins Buch aufnehmen sollte, weil das seines Erachtens ein gutes Beispiel eines Horoskops ist, das nach moderner Deutung nicht so schlimm aussieht, während eine traditionelle Analyse viel deutlicher die großen Schwierigkeiten zeigt, die man erwartet.

Wie mein Buch *Klassische Stundenastrologie,* das 2008 erschienen ist, ist auch dieses Buch als ein Lehrgang zum Selbststudium konzipiert: Der Leser kann anhand von Fragen und Aufgaben am Ende der Kapitel kontrollieren, ob er den Lehrstoff gut verarbeitet hat. Die Antworten finden sich im Anhang des Buches.

Ich hoffe, dass dieses Buch ebenso gut seinen Weg zu den Lesern findet wie meine anderen Bücher.

Erik van Slooten

Neubiberg, Oktober 2013

1. Einführung

Traditionelle Astrologie im Kommen

Nach der jahrzehntelangen Dominanz der modernen psychologischen Astrologie erlebt die traditionelle (oder klassische) Astrologie in den letzten Jahren weltweit eine Renaissance. Seminare und Vorträge zu diesem Thema sind gut besucht, regelmäßig werden Kongresse zur traditionellen Astrologie organisiert. Die Praxen der traditionell arbeitenden Astrologen blühen. Ihre Zahl wächst, denn immer mehr Kollegen entdecken, wie nützlich und bereichernd es ist, traditionelle Techniken wie die Stunden- und Elektions-Astrologie zu beherrschen und bei Klientenberatungen konkret einzusetzen. Aber auch die traditionelle Radix-Deutung stößt derzeit wieder auf reges Interesse. Laut Umfragen steht in Amerika bei Nachwuchsastrologen das Thema „Antike Techniken" ganz oben auf der Beliebtheitsskala[1], was zweifellos vor allem dem Projekt Hindsight zu verdanken ist.

Das Projekt Hindsight

Das Projekt „Hindsight" (deutsch: Rückblick) wurde 1993 in den USA gegründet mit dem Ziel, die noch erhaltenen und zugänglichen Texte der westlichen astrologischen Tradition aus dem Griechischen und Lateinischen ins Englische zu übersetzen und zu deuten.

---

[1] Laut Mitteilung von Friedel Roggenbuck.

Derzeit konzentriert sich das Projekt vor allem auf die Astrologie der hellenistischen Periode. Hervorzuheben ist dabei der amerikanische Altphilologe und Astrologe Robert Schmidt, der im Rahmen dieses Projekts diese äußerst wertvolle Arbeit zusammen mit seiner Frau Ellen Black vorantreibt. Dank seiner Übersetzungen aus dem Griechischen und seiner Textanalysen kommen immer mehr kostbare Schätze ans Tageslicht. Diese Arbeit ist übrigens noch nicht abgeschlossen. Für nähere Einzelheiten verweise ich Sie auf die Internetseite des Project Hindsight.

Aber nicht nur Robert Schmidt, sondern auch der noch junge amerikanische Astrologe Chris Brennan und meine guten Freunde, der niederländische Astrologe Martien Hermes und die österreichische Astrologin Elke Jurasszovich erweisen sich als eminente Kenner der Hellenistischen Astrologie. Allerdings gibt es nicht nur Hindsight! Inzwischen ist eine riesige Übersetzungsbewegung entstanden, und seit einigen Jahren wird auch fleißig aus dem Arabischen übersetzt.

Die Hellenistische Astrologie

Das Zeitalter des Hellenismus lassen die Historiker im Allgemeinen mit dem Tod Alexanders des Großen im Jahre 323 v. Chr. beginnen. Die hellenistische Kultur beherrschte den Mittelmeerraum über die römische Zeit bis ins 6. nachchristliche Jahrhundert.

Die Hellenistische Astrologie, die Wiege der gesamten westlichen Astrologie, entstand im 3. Jahrhundert v. Chr. und bildete sofort einen Höhepunkt in der Geschichte der Astrologie. Ihr schnelles Entstehen (wahrscheinlich innerhalb von kaum 50 Jahren) macht es wahrscheinlich, dass ihr nicht unbedingt eine lange Zeit von empirischen Untersuchungen, sondern vielmehr ein klar umrissenes Konzept zugrunde lag. Das gilt übrigens nicht nur für die Hellenistische Astrologie. Im Allgemeinen brachten die Griechen die Wissenschaft nicht so sehr voran, indem sie die Wirklichkeit detailliert untersuchten, sondern vielmehr, indem sie diese als Ganzes im Lichte eines Konzepts interpretierten. Als Beispiel kann hier auch der erste Anlauf zu einer wissenschaftlichen Medizin gelten. Die großen Ärzte der hellenistischen Periode wie Hippokrates und Galen ließen sich viel eher von philosophischen Theorien als von empirischen Experimenten leiten, obwohl sie über die Ergebnisse, die sie mit ihrer Heilkunde erzielten, gewissenhaft Buch führten[2].

Im Fall der Astrologie ging es um das Schicksalskonzept. Dazu mehr in Kapitel 2. Dass die Hellenistische Astrologie sich als eine zusammenhängende, harmonische Architektur präsentiert (s. Kapitel 16), erklärt sich aus dem festen Glauben der Griechen an eine verborgene und bleibende Ordnung der Welt. Es ist eine Ordnung, die erst nach ihrer Enthüllung ihre Schönheit zeigt. Das griechische Wort „Kosmos", womit wir das All bezeichnen, bedeutet ursprünglich „schöne Ordnung". Wir finden diesen Verweis auf die Schönheit noch in unserem Begriff „Kosmetik"[3].

„Meine" traditionelle Astrologie

Es scheint mir besser, von „traditioneller" als von „klassischer" Astrologie zu sprechen, denn der Begriff „Klassische Astrologie" ruft Missverständnisse hervor: Er bezieht sich nicht ausschließlich auf die Astrologie der Griechen und Römer. Nein, die traditionelle Astrologie hat sich etwa ab dem 3. Jahrhundert vor Christus ununterbrochen bis ins 17. Jahrhundert entwickelt – in einer Periode

---

[2] Über das konzeptorientierte Denken der Griechen schreibt u.a. Klaus Held: *Treffpunkt Platon. Philosophischer Reiseführer durch die Länder des Mittelmeers* (Ditzingen, 2001), Kapitel XIV. (siehe Bibliographie). Siehe auch: Claudius Galenos, Hippokrates u.a.: *Der Krankheitsverlauf im Horoskop – Quellentexte zum Decumbitur* (Tübingen, 2009).

[3] Eine interessante und informative Zusammenfassung der Geschichte der Hellenistischen Astrologie und ihrer charakteristischen Merkmale hat Elke Jurasszovich geschrieben: *Was ist Hellenistische Astrologie?* (siehe Bibliographie).

von zwei Millennien! In diesem langen Zeitraum haben neben den Griechen insbesondere auch die Araber und Juden zu dieser Entwicklung beigetragen.

Spätestens gegen Ende des 17. Jahrhunderts verursachte die sogenannte *Aufklärung* in dieser Entwicklung einen Bruch, der etwa zwei Jahrhunderte andauerte. Sie markierte den Beginn des wissenschaftlichen Denkens, wodurch beinahe alle esoterischen Traditionen in Ungnade fielen und zum Teil verschwanden – so auch die Astrologie. In dieser langen Periode starb also die Astrologie allmählich, bis sie Ende des 19. Jahrhunderts fast buchstäblich neu „entdeckt" wurde. Sie ging unter dem Einfluss von u.a. Alan Leo in England und später von Thomas Ring in Deutschland völlig neue Wege und konnte sich allmählich zur esoterisch-psychologischen Astrologie, wie sie im Westen seit Jahrzehnten dominiert, entwickeln.

Die heutigen traditionellen Astrologen wenden in ihrer Praxis unterschiedliche Methoden an, die mit den verschiedenen Perioden in der langen Geschichte der traditionellen Astrologie verknüpft sind. Es gibt derzeit hellenistisch orientierte, mittelalterlich orientierte, renaissance-orientierte und vedisch (indisch) orientierte traditionelle Astrologen.

Als Stundenastrologe orientiere ich mich vor allem an der Astrologie der Renaissance und beziehe mich dabei insbesondere auf die Techniken von William Lilly (1602-1681; siehe auch Kapitel 14). Aber in den letzten Jahren entwickelte ich dank Project Hindsight eine große Liebe zur Hellenistischen Radix-Astrologie, obwohl ich auch Methoden und Techniken aus anderen Perioden benutze.

Wenn ich in diesem Buch von traditioneller Astrologie spreche, möchte ich meinen Lesern bewusst machen, dass es sich in gewissem Sinne um „meine" traditionelle Radix-Astrologie handelt, die hauptsächlich hellenistisch orientiert ist, aber durchaus auch andere klassische Einflüsse in sich aufnimmt.

Denn kurz und gut: *Die* traditionelle Astrologie schlechthin gibt es nicht und kann es nicht geben, auch nicht in diesem Buch, das vor allem praktische und didaktische Ziele verfolgt.

Traditionell oder modern? Beides!

Traditionelle und moderne Astrologie können und sollen einander ergänzen. Was die eine kann, kann die andere nicht und umgekehrt. Salopp gesagt: Traditionelle Astrologen sind eher ereignisorientiert und fragen: „*Was* passiert genau?" Moderne Astrologen fragen aufgrund ihrer psychologischen Orientierung eher: „*Warum* passieren die Dinge?"

Ich möchte meine Leser dazu ermutigen, neben der modernen, psychologischen Horoskopdeutung mit der traditionellen Astrologie zu experimentieren und Erfahrungen zu sammeln. Vielleicht gefallen Ihnen der ganz konkrete Ansatz und die konkrete Sprache dieser Astrologie, sodass Sie sich von ihrem Wert überzeugen lassen.

Noch ein persönliches Wort: Ich gehöre nicht zu den traditionellen Astrologen, welche die moderne psychologische Astrologie geringschätzen. Ich empfinde das als ebenso falsch wie die Vorbehalte mancher psychologischer Astrologen gegenüber ihren traditionellen Kollegen. Astro-Fundamentalismus hilft uns nicht weiter. Schlagen wir doch besser Brücken zueinander!

2. Schicksal und freier Wille

Die hellenistische Kultur wurde stark von der philosophischen Schule der *Stoa* beeinflusst. Die *Stoa* sieht den Menschen noch stärker als Aristoteles der Naturkausalität und dem Schicksal unterworfen. Die menschliche Freiheit besteht lediglich darin, dem Verlauf der Dinge *zuzustimmen*. „Freiheit ist die freiwillige Fügung in die göttliche Ordnung."

Von Seneca stammt das berühmte Wort: „Den Wollenden führt das Schicksal, den Nichtwollenden zieht es." („*Ducunt volentem fata, nolentem trahunt*".)[4] Bekannt wurde auch das Bild des Stoikers Chrysipp (ca. 280 - ca. 205 v. Chr.): „*Wie ein Hund, der an einen Wagen gebunden ist, das in seiner Macht Stehende mit dem Unausweichlichen versöhnt, wenn er freiwillig mitläuft, so wird er umgekehrt ganz und gar gezwungen sein, wenn er sich weigert*".[5]

Dieses „Freiheits"-Konzept setzt aber Leidenschaftslosigkeit und Unerschütterlichkeit gegenüber den Schlägen des Schicksals voraus, und das ist den wenigsten Sterblichen gegeben!

In der griechischen Mythologie finden wir das Schicksal personifiziert als die Moiren oder Schicksalsgöttinnen Klotho, Lachesis und Atropos.

Mit Klotho das Leben erst beginnt -
Lachesis es weiter spinnt -
Schneidet Atropos den Faden ab -
dann bringt sie dich, o Mensch, ins Grab.

---

[4] *Hat der Mensch einen freien Willen? Die Antworten der großen Philosophen*, Seite 68.

[5] Ebenda

Oder:

Klotho setzt den Rocken[6] *an,*
Lachesis muss spinnen,
wenn Atropos es haben will,
so muss der Mensch von hinnen. [7]

So wie die Eskimos viele Wörter für „Schnee" kennen, kannten die Griechen zahlreiche Begriffe für „Schicksal": *moira, heimarméne, týchē, daimōn, chréōn* usw.

- *Moira* ist das allgemeine Wort für Schicksal und bedeutet „Anteil". Moira organisiert das Leben der Menschheit und des individuellen Menschen und gibt ihm seinen „Anteil". Moira ist mächtiger als die Götter! Im Lateinischen heißt moira „fatum", das von „fas", dem „göttliche Gesetz", abstammt.
- *Heimarméne* bedeutet „das Zugeteilte" und hat etwa die gleiche Bedeutung wie Moira.
- *Týchē* ist das, was einem unbewusst und meistens unerwartet „zufällt". Unterschieden wird zwischen guter *týchē* (Glück) und schlechter *týchē* (Unglück). Im ersten Fall gewinnt man zum Beispiel eine große Summe in der Lotterie, im zweiten Fall wird man krank, hat einen Unfall usw. Die gute *týchē* wird in der Hellenistischen Astrologie mit dem 5. Haus in Verbindung gebracht, die schlechte *týchē* mit dem 6. Haus.
- *Daimōn* („Geist") ist die göttliche Macht, die einem Gutes oder Schlechtes zufallen lässt, aber, im Gegensatz zu *týchē*, eher als Folge eigener bewussten Handlungen. Der gute *daimōn* wird as-

---

[6] Der Rocken= (Spinnrocken, Kunkel) ist ein meist stabförmiges Gerät, an dem beim Spinnen die noch nicht versponnenen Fasern befestigt werden.[5] Ebenda

[7] Der erste Reim ist eine eigene Übersetzung des Reims in der niederländischen Ausgabe von Gustav Schwab, *Die schönsten Sagen des klassischen Altertums.* Den zweiten Reim fand ich in Wikipedia unter: Moiren.

trologisch mit Haus 11, der schlechte *daimōn* mit Haus 12 in Verbindung gebracht.

- *Chréōn* ist das, was geschehen soll, vor allem im Hinblick auf Schuld, die der Mensch auf sich geladen hat. Die astrologischen Häuser 2, 3 sowie 8 und 9 haben mit chréōn zu tun.

Mehr zu *týché, daimōn, chréōn* usw. in Kapitel 16.

Demgegenüber hängt der moderne Mensch einer humanistischen Philosophie an und glaubt (nicht ohne Arroganz), das Schicksal in die eigene Hand nehmen zu können. Diese Lebenshaltung führt automatisch dazu, dass viele moderne Astrologen jede Form von konkreter Prognose ablehnen. Sie stehen auf dem Standpunkt, dass konkrete Prognosen mit astrologischen Mitteln nicht möglich seien und dass sie, falls sie trotzdem möglich wären, keinen Sinn hätten, ja meistens unethisch wären, zu einem lähmenden Fatalismus führten usw.

Dagegen erfahren Astrologen, die sich intensiv mit Stundenastrologie befassen, immer wieder, dass konkrete Prognosen nicht nur technisch möglich, sondern sehr oft auch menschlich sinnvoll sind. Und wie steht es um solche Prognosen in der Radix-Astrologie?

Prognose in der traditionellen Radix-Astrologie

Zu diesem Thema gibt es heutzutage leider eine Menge Missverständnisse und Vorurteile. Die weitverbreitete Auffassung, dass die traditionellen Astrologen aus dem Radixhoroskop unbekümmert am laufenden Band konkret prognostiziert hätten, stimmt einfach nicht. Namhafte klassische Astrologen äußerten sich im Gegenteil sehr bescheiden zu ihrem Können in diesem Bereich. Sie waren ohnehin der festen Meinung, dass nur das prognostiziert werden kann, was schon im Radixhoroskop vorhanden ist. Damit ist Prognose im Grunde nichts anderes als *Timing*!

Die alten Astrologen glaubten, dass der Mensch zwar in seiner physischen Konstitution, seinen Instinkten und Leidenschaften astrologisch determiniert sei, der höhere Intellekt jedoch in dieser Hinsicht frei sei. Leider sind die meisten Menschen ihrem Körper und ihren Leidenschaften verfallen und deshalb unfrei. Der vernünftige Mensch aber kann die Astrologie oder andere Prognosemethoden als nützliches Instrument bei wichtigen Entscheidungen einsetzen und sogar drohenden Schicksalsschlägen vorbeugen! Der bedeutende jüdische Astrologe Abraham Ibn Ezra (12. Jahrhundert) schreibt dazu:

> *„Wenn ein Geborener die Kunst der Astrologie kennt und in seiner Nativität (Radix) sieht, dass er zu einem bestimmten Datum an einem starken Fieber erkranken wird, aber vor dieser Zeit die warmen Dinge meidet und sich von Speisen ernährt, die seinen Körper erfrischen, so wird zu gegebener Zeit die Wärme ihn nicht erkranken lassen, sondern ihn vielmehr temperieren."* [8]

Auch Thomas von Aquin (ca. 1225 – 1274) bringt es auf den Punkt:

> *„Die Mehrheit der Menschen folgt ihren Leidenschaften, welche Bewegungen sinnlicher Gelüste sind, mit denen die Bewegungen der Planeten zusammenarbeiten können. Daraus folgt, dass Astrologen die Wahrheit in der Mehrheit der Fälle vorhersagen können, vor allem in allgemeiner Weise. Nicht aber in besonderen Fällen; denn nichts hält den Menschen davon ab, seinen Leidenschaften mit Hilfe des freien Willens zu widerstehen. Daher sagen die Astrologen gewöhnlich selbst, dass „der Weise stärker ist als die Sterne", nämlich dann, wenn er seine Leidenschaften besiegt."* [9]

Viele andere traditionelle Texte, vom etwa 1700 bis 2000 Jahre alten *Centiloquium* bis zu den Werken von Morin de Villefranche im

---

[8] Rafael Gil Brand. *Lehrbuch der klassischen Astrologie.* S. 50.

[9] Aus: Augustinus, Summa Theologiae, zitiert von Bernhard Bergbauer in seinem Buch *Der Geburtsherrscher im Horoskop*, S. 92f.

17. Jahrhundert: Alle äußern sich im gleichen Sinne wie Abraham Ibn Ezra und Thomas von Aquin. Fazit: Die Auffassung vieler moderner Astrologen, dass die traditionelle Astrologie fatalistisch sei, beruht schlicht auf Unkenntnis.

3. Planeten und Tierkreis

Wichtig: *Wer sich mit den essentiellen Würden noch nicht gut auskennt, dem empfehle ich, zuerst Kapitel 7 zu lesen.*

Seit alters her bestaunt die Menschheit den nächtlichen Himmel. Dabei entdeckte man schon früh, dass zwischen den zahllosen Fixsternen bestimmte Himmelskörper „wanderten" (griechisch *planētēs* – Wanderer) und dabei die gleiche Bahn wie Sonne und Mond beschrieben. Diese Bahn wurde schon bald der *Zodiacus* oder *Tierkreis* genannt (griechisch: *zōon* – Tier). Auch wurde sie *Ekliptik* getauft, weil in dieser Bahn die Sonnen- und Mondfinsternisse stattfinden (griechisch: *ékleipsis* – das Ausbleiben, Verfinsterung).

Die Planeten wurden als die Götter betrachtet, die das irdische Leben beherrschten, und man stellte sich vor, dass jede Gottheit sich im lebendigen und fest strukturierten Organismus des Zodiakus einen oder zwei Orte zueignete, den/die er als sein Zuhause betrachtete. In diesen ihren *Domizilen* (lateinisch: *domus* – Haus) können die Planetengötter ihre besten Eigenschaften entfalten. So hat die Sonne ihr Domizil im Tierkreiszeichen Löwe, der Mond im Krebs, Merkur in der Jungfrau und in den Zwillingen, Venus in der Waage und im Stier, Mars im Skorpion und im Widder, Jupiter im Schützen und in den Fischen, und Saturn im Steinbock und im Wassermann. Diese Domizile und die anderen Würden werden in Kapitel 7 ausführlich behandelt.

Sonne, Mond, die fünf Planeten und der Tierkreis bilden in ihrem engen Zusammenhang seit alters her das Grundgerüst der Astrologie.

In diesem Kapitel geht es um die allgemeinen Merkmale der Planeten und die Struktur des Tierkreises. In den weiteren Kapiteln kommen die besonderen Charakteristika und Funktionen der Planeten im Horoskop (Tag- und Nachtplaneten, Würden, Almuten, Horoskop-Herrscher usw.) zur Sprache.

Planeten

SONNE *Das aktive Ich* • männlich – Tagplanet, warm und trocken • innerliche Autorität des Gewissens • Führerschaft • menschliche Wärme, Herrlichkeit, Großzügigkeit, Optimismus • diktatorische Tendenzen, Egoismus, Stolz, Machtmissbrauch • Lebensspender (Hyleg) **MOND** *Das empfangende Ich* • weiblich – Nachtplanet, kalt und feucht • sammelnd • sorgend, beschützend, sozial • sensibel, „romantisch“, phantasievoll • veränderlich, launisch, süchtig, • das konkrete, alltägliche Leben • Lebensspender (Hyleg)	**SATURN** *Konzentration auf die Essenz Notwendigkeit* • männlich – Tagplanet, kalt und trocken • äußerliche Autorität der Gesetze, Disziplin • kalte Distanz, Strenge, Unerbittlichkeit • realistisch, pessimistisch, einschränkend • einsam • geizig • langsam, schwer, konservativ und konservierend • mathematisch und philosophisch • Todesplanet • der große „Übeltäter“
MERKUR *Intellektueller Kontakt mit der Außenwelt* • männlich - Tagplanet (oriental) Nachtplanet (okzidental), kalt und trocken • kommunikativ und vermittelnd • sammelnd, analysierend, selektierend • skeptisch, schlau, opportunistisch, lügenhaft, eifersüchtig, neidisch	**JUPITER** *Horizonterweiterung (geistig, spirituell, geographisch)* • männlich – Tagplanet, warm und feucht • synthetisierend (große Konzepte, Gesamtschau) • großzügig und optimistisch („die kleine Sonne“), Vertrauen, Glaube, • Wohlstand und Reichtum, Expansion • Übertreibung, Unmäßigkeit • der große „Wohltäter“

VENUS *Affektiver Kontakt mit der Außenwelt* *Liebe*	**MARS** *Aggressiver Kontakt mit der Außenwelt* *Energie*
• weiblich – Nachtplanet, kalt und feucht • versöhnend, harmonisierend, • vereinend • Frieden, Liebe • ästhetischer, künstlerischer Sinn • Freude, Wohlergehen, • Luxus, Eitelkeit, Unmäßigkeit, Lust • die kleine „Wohltäterin"	• männlich – Nachtplanet, warm und trocken • streitet, trennt, scheidet • Krieg, Hass, Wut • nimmt Risiken auf sich, drängt vorwärts, ist mutig bzw. übermütig, • Aktion • polemisch • der kleine „Übeltäter"

Sonne und Mond: Gegensatz und Ergänzung

Die beiden Lichter Sonne und Mond nehmen einen besonderen Platz in der Astrologie ein. Die Sonne ist das rein männliche und der Mond das rein weibliche Prinzip. Kennzeichnend dafür ist, dass beide nur ein einziges Domizil haben: die Sonne das männliche Zeichen Löwe, der Mond das weibliche Zeichen Krebs. Sonst verfügen die antiken Planeten Merkur bis Saturn je über zwei Domizile: ein männliches und ein weibliches.

Die Sonne verkörpert die universelle und ewige Lebenskraft, der Mond repräsentiert das zeitliche individuelle Leben selbst. Man denke hier an Platons Ideenlehre, die von einer unveränderlichen Welt der Ideen (Sonne) ausgeht, die sich in zeitlichen Erscheinungsformen (Mond) niederschlägt. Diesbezüglich gibt es einen wesentlichen Unterschied zwischen dem Sonnen*licht* und dem Mond*schein,* der nichts anderes als reflektiertes Sonnenlicht ist.

Sonne, Mond und Saturn: Gegensatz und Ergänzung

Saturn ist der Gegenspieler von Sonne und Mond. Er hat seine Exile in den Zeichen Krebs und Löwe, in denen Sonne und Mond ihre Domizile haben. Umgekehrt haben diese ihre Exile in Saturns Domizilen Steinbock (Exil des Mondes) und Wassermann (Exil der Sonne). Während Sonne und Mond im Grunde ideelle Kräfte sind, verkörpert Saturn die harte Realität. Er gibt dem Leben Form und Gesetz. Im Idealfall ergänzen Sonne, Mond und Saturn sich gegenseitig. König Sonne kann nur ein guter Herrscher sein, wenn er nicht nur auf sein Gewissen (Saturn) hört, sondern auch die Gesetze respektiert. Der sensible und launische Mond kann nur mit Hilfe von Saturn Stabilität finden.

Merkur und Jupiter: Gegensatz und Ergänzung

Weil Merkur seine Exile in jenen Zeichen hat, in denen Jupiter zu Hause ist, und umgekehrt, könnte man meinen, dass die beiden Gegenspieler seien. Das könnte tatsächlich der Fall sein, wenn man in seinem Denken in der Analyse stecken bleibt, sich nur um die Details kümmert (Merkur) und nicht zu einer Synthese (Jupiter) kommt. Oder umgekehrt: Wenn man sofort eine feste Überzeugung (Jupiter) hat, ohne diese zuerst mit Fakten untermauert zu haben (Merkur). Der einseitige Merkurmensch liest jeden Tag wenigstens drei Zeitungen von vorn bis hinten durch, weiß aber mit allem, was er liest, im Grunde nicht viel anzufangen. Er kann höchstens schön darüber erzählen. Der einseitige Jupitermensch steckt voller Überzeugungen, die meistens Vorurteile sind, weil sie kaum auf Fakten beruhen oder weil er nur diejenigen Fakten annimmt, die zu seiner Überzeugung passen und bei allem sonst den Kopf in den Sand steckt. Vielleicht könnte man die Menschheit sogar in diese beiden Kategorien einteilen. Und dann sind diejenigen, die Merkur und Jupiter in ihrem Denken wirklich integrieren, weitaus in der Minderheit. Gute wissenschaftliche Arbeit kann nur entstehen, wenn Merkur und Jupiter eng zusammen arbeiten. Nur aufgrund einer gediegenen Analyse und Faktensammlung kann man zu einer Synthese, zu einem wertvollen Ergebnis kommen.

Dass Merkur und Jupiter zusammen die vier *beweglichen* Zeichen Zwillinge, Jungfrau, Schütze und Fische beherrschen, bedeutet auch, dass beide immer in Bewegung sind und dass ihre Arbeit nie aufhört, gerade auch weil sie die Änderung anstreben! Auch Wissenschaft erreicht nie einen Endpunkt, bleibt immer in Bewegung, wie der Philosoph Hegel in seiner Dialektik betont hat. Eine These ruft immer eine Antithese hervor. Der Kampf zwischen den beiden führt unweigerlich dazu, dass sie schließlich in einer Synthese *aufgehoben* werden, in der die besten Elemente der beiden bewahrt bleiben. Aber diese Synthese ruft erneut eine Antithese hervor, die erneut zu einer Synthese führt usw.

In der Philosophie wird oft ein Unterschied gemacht zwischen Vernunft (als Übersetzung von griech. *Nous)* und Verstand (als Übersetzung von griech. *Dianoia).* Vernunft ist *„das Vermögen der Zusammenschau übergreifender Seinsordnungen und Sinnzusammenhänge, im Unterschied zum analysierenden Verstand.“* [10]

Hier wird der Unterschied zwischen Jupiter und Merkur genau auf den Punkt gebracht!

Venus und Mars: Gegensatz und Ergänzung

Wo Venus ihre Domizile hat, hat Mars seine Exile und umgekehrt. Wie in den beiden vorigen Planetengruppen handelt es sich auch hier um polare Planeten, die einander bekämpfen können, sich aber im Grunde ergänzen sollen. Venus ist weiblich, Mars ist männlich: Es geht ja hier auch um den Umgang zwischen den beiden Geschlechtern. Venus steht für die Erotik, Mars für die Sexualität. Die

---

[10] Zitiert aus: *Kleines Philosophisches Wörterbuch* (Freiburg, 1985), unter dem Stichwort *Vernunft* (S. 293).

wirkliche Erfüllung kommt erst, wenn beide sich verbinden. Mars bedeutet Streit, Trennung, Dualität, die von Venus, der Friedensstifterin, zur Einheit gebracht wird.

Wohltäter und Übeltäter

Nach der Tradition ist *Jupiter* der große Wohltäter und *Venus* die kleine Wohltäterin, *Saturn* der große und *Mars* der kleine Übeltäter.

Anlässlich dieses Unterschieds kommt von Seiten der modernen Astrologen regelmäßig der Vorwurf, die traditionelle Astrologie sei so „schwarzweiß". Dazu Folgendes:

Erstens: Die Zeit, in der die Astrologie entstand, war im Allgemeinen härter, schärfer als das 21. Jahrhundert. So war der Unterschied zwischen reich und arm (Meistern und Sklaven), zwischen gesund und krank damals noch viel größer als in der heutigen westlichen Welt.

Zweitens: Begriffe wie Wohltäter und Übeltäter tragen in hohem Maße zur Klarheit astrologischer Aussagen bei. Dazu Robert Hand:

> *„Indische Astrologie, arabische Astrologie und mittelalterliche Astrologie, ebenso Hellenistische Astrologie - alle haben sie eine viel ausgefeiltere Sprache als die Astrologie des 20. Jahrhunderts. Einfach gesagt: Diese Sprachen sind als solche deutlicher in der Artikulation; sie können Dinge klar ausdrücken; und insofern sie in der Lage sind, Dinge klarer auszudrücken, kann man auch sagen, ob das, was sie ausdrücken, richtig ist oder falsch."* [11)]

Dennoch: Der Unterschied zwischen „Wohltätern" und „Übeltätern" soll mit Vorsicht angewendet werden. Selbstverständlich können die sogenannten Übeltäter Mars und Saturn auch ihre positiven Eigenschaften entfalten: Mars beispielsweise als Energie, Durchsetzungskraft, Saturn als Struktur, Festigung, Konzentration

---

[11] Robert Hand. *Traditionelle Astrologie* (Tübingen, 2007), S. 171.

usw., während umgekehrt die Wohltäter auch ihre negativen Seiten zeigen können: Jupiter als Übertreibung, Venus als Genusssucht usw.

Aber es gilt unverändert: Die Wohltäter sind nett zu uns, auch wenn sie relativ schwach oder sogar schlecht stehen. Im letzten Fall spenden sie zweifellos weniger großzügig, aber wirklich schlecht werden sie nicht. Die Übeltäter dagegen sind vom Prinzip her schwierig. Auch wenn sie gut (in einer oder mehreren ihrer Würden) stehen, spenden sie ihre Gunst eher geizig.

Die *Sonne* wird im Allgemeinen als Wohltäter betrachtet. Zum Übeltäter wird sie für die Planeten, die sie in der Konjunktion *verbrennt* und die zu ihr in *Opposition* stehen (s. Kapitel 5). In Opposition zur Sonne sind die Planeten immer rückläufig (s. Kapitel 8)!

Merkur und *Mond* sind eher als „neutral" zu betrachten. Ihre Qualität und Wirkungskraft hängt noch stärker als bei den anderen Planeten von ihrem essentiellen und akzidentellen Zustand ab. Steht Merkur beispielsweise in Konjunktion mit einem Wohltäter oder im Zeichen, in dem ein Wohltäter herrscht, neigt er ebenfalls zum Guten, während er in Kontakt mit einem Übeltäter oder im Zeichen eines Übeltäters zum Bösen neigt.

Die neuen Planeten Uranus, Neptun und Pluto

Traditionelle Astrologen verleugnen die modernen Planeten nicht. Sie bevorzugen zwar die antiken Planeten als Herrscher der Häuser, aber wenn ein neuer Planet in einem engen Aspekt, insbesondere in einer Konjunktion, mit einem wichtigen Horoskopfaktor steht, lohnt es sich durchaus, diesen Planeten in die Deutung einzubeziehen. Meinetwegen könnte man in diesem Fall die Planeten „modern" deuten.

Wie auch immer, mit der Entdeckung der modernen Planeten Uranus, Neptun und Pluto erhob sich die Frage, wie diese zu deuten seien und wie sie in das traditionelle System eingefügt werden sollten. Dem geht die traditionelle Astrologin Sue Ward in ihrem Buch *Das Fundament der Astrologie*[12] nach. Sie kommt zum Schluss: Astrologie in ihrer ursprünglichen Form ist und bleibt eine universelle Wissenschaft.

Tierkreis

Eine solide Struktur

Der Tierkreis besteht aus zwölf Zeichen von je 30°. Die Reihenfolge:

Widder	männlich, kardinal, erstes Feuerzeichen, warm und trocken
Stier	weiblich, fest, erstes Erdzeichen, kalt und trocken
Zwillinge	männlich, beweglich, erstes Luftzeichen, warm und feucht
Krebs	weiblich, kardinal, erstes Wasserzeichen, kalt und feucht
Löwe	männlich, fest, zweites Feuerzeichen, warm und trocken
Jungfrau	weiblich, beweglich, zweites Erdzeichen, kalt und trocken
Waage	männlich, kardinal, zweites Luftzeichen, warm und feucht
Skorpion	weiblich, fest, zweites Wasserzeichen, kalt und feucht
Schütze	männlich, beweglich, drittes Feuerzeichen, warm und trocken
Steinbock	weiblich, kardinal, drittes Erdzeichen, kalt und trocken
Wassermann	männlich, fest, drittes Luftzeichen, warm und feucht
Fische	weiblich, beweglich, drittes Wasserzeichen, kalt und feucht

Es geht hier keineswegs um eine willkürliche Reihenfolge, sondern um eine ausgeklügelte, ja geniale Struktur, ein Gotteswerk!

Erstens sehen wir eine regelmäßige Abwechslung von *männlichen* und *weiblichen* Zeichen. Zweitens gibt es nacheinander vier Dreiergruppen, jeweils mit einem *kardinalen,* einem *festen* und einem *beweglichen* Zeichen. Drittens gibt es drei Vierergruppen, in denen die vier *Elemente* vertreten sind, jeweils in der Reihenfolge *Feuer, Erde, Luft* und *Wasser.*

---

[12] Sue Ward. *Das Fundament der Astrologie* (Tübingen, 2011).

Die vier kardinalen Zeichen liegen 90° auseinander und bilden zusammen das *kardinale Kreuz*. Auf ähnlicher Weise gibt es das *feste* und das *bewegliche Kreuz*. Die drei Zeichen eines Elements liegen immer 120° auseinander und bilden zusammen ein *Trigon*.

Männliche und weibliche Zeichen

Die regelmäßige Abwechslung von *männlichen* und *weiblichen* Zeichen bewirkt Gleichgewicht im Tierkreis. Das männliche, aktive Prinzip wird vom weiblichen, passiven, empfangenden Prinzip abgelöst und das wiederum vom männlichen Prinzip usw. Diese Prinzipien sind zu vergleichen mit den Begriffen Yang und Yin aus der östlichen Philosophie und sollen im Fluss des Lebens so viel wie möglich im Gleichgewicht sein und bleiben.

Kardinale, feste und bewegliche Zeichen

Die Dreiergruppen fangen jeweils mit einem *kardinalen* Zeichen an. Die vier kardinalen Zeichen (oft auch *Hauptzeichen* genannt) haben einen strebenden, sich durchsetzenden Charakter. Die darauffolgenden *festen* Zeichen (oft auch *fixe* Zeichen genannt) kennzeichnen sich durch Beharrlichkeit, durch das Festhalten an das, was erreicht wurde. Die abschließenden *beweglichen* Zeichen sind dagegen ruhelos und veränderlich.

Jede Dreiergruppe entspricht einer Jahreszeit: Die Gruppe Widder, Stier und Zwillinge entspricht dem *Frühling*, die Gruppe Krebs Löwe und Jungfrau dem *Sommer*, die Gruppe Waage, Skorpion und Schütze dem *Herbst* und die Gruppe Steinbock, Wassermann und Fische dem *Winter*. Jede Jahreszeit fängt damit an, sich gegen die vorherige Jahreszeit durchzusetzen (kardinal), dann stabilisiert sie sich (fest) und schließlich geht sie allmählich in die folgende Jahreszeit über (beweglich).

Tropischer und siderischer Tierkreis

In diesem Zusammenhang ist es wichtig, zu betonen, dass die westliche Astrologie hauptsächlich mit dem *tropischen* Tierkreis arbeitet, das ist der Tierkreis, der mit dem *Frühlingspunkt* anfängt. Das heißt: Der Frühlingspunkt (der Augenblick, an dem Tag und Nacht gleich lang sind) und 0° Widder fallen im tropischen Tierkreis zusammen.

Allerdings müssen wir hier scharf zwischen *Tierkreiszeichen* und *Sternbildern* unterscheiden. Vor etwa 2000 Jahren fiel das *Sternbild* Widder noch ungefähr mit dem *Tierkreiszeichen* Widder zusammen. Aber weil der Frühlingspunkt sich sehr langsam (etwa 1° in 72 Jahren) durch die Ekliptik verschiebt, ist der tropische Tierkreis nicht mehr mit der Bahn der astronomischen Sternbilder identisch. Die Bahn der Sternbilder wird *siderischer* Tierkreis genannt und ist u.a. die Grundlage der indischen Astrologie.

Der Unterschied zwischen tropisch und siderisch beträgt derzeit etwa 23 Grad. Das heißt: 0° Widder im tropischen Kreis entspricht etwa 7° Fische im siderischen Kreis.

Der Frühlingspunkt fällt in unserem Kalender auf etwa 21. März, wenn die Sonne in das Tierkreiszeichen Widder eintritt und Tag und Nacht gleich lang sind.

Feuer-, Erde-, Luft- und Wasserzeichen

Die Vierergruppen fangen jeweils mit einem *Feuerzeichen* an. Das Schlüsselwort des Feuers ist *Handeln*. Der Unterschied zwischen den drei Feuerzeichen ist, dass jedes Zeichen zu einer anderen Dreiergruppe gehört. Widder ist ein kardinales, Löwe ein festes und Schütze ein bewegliches Zeichen, was diese drei Zeichen auf unterschiedliche Weise kennzeichnet.

Das zweite Element in den Vierergruppen ist *Erde*. Die Schlüsselwörter sind *Beobachten, Sinneswahrnehmung*. Wie bei Feuer gibt es auch hier den Unterschied in der Dynamik: Stier ist fest, Jungfrau beweglich und Steinbock kardinal.

Das dritte Element in der Reihe ist Luft. Die Schlüsselwörter lauten *Denken, Kommunizieren.* Der Unterschied zwischen den drei Luftzeichen: Zwillinge ist beweglich, Waage kardinal und Wassermann fest.

Das letzte Element in der Reihe ist *Wasser.* Das Schlüsselwort lautet *Fühlen.* Der Unterschied zwischen den drei Wasserzeichen: Krebs ist kardinal, Skorpion fest und Fische beweglich.

- Die Feuerzeichen streben nach Freiheit des Handelns und der Führerschaft.
- Die Luftzeichen streben nach Freiheit der Bewegung und Kommunikation.
- Die Erdzeichen haben das Bedürfnis nach materieller Sicherheit.
- Die Wasserzeichen haben das Bedürfnis nach emotionaler Sicherheit.

Tierkreiszeichen und Planeten

In der modernen Astrologie ist die inhaltliche Beschreibung der Tierkreiszeichen universell, das heißt unabhängig von den einzelnen Horoskopen. In der traditionellen Astrologie dagegen hängt der Charakter eines Zeichens stark vom Zustand seines Herrschers im Horoskop ab.[13] Weil diese Herrscher in jedem Horoskop wieder anders stehen, muss auch die Bedeutung der Zeichen in jedem Horoskop neu analysiert werden. Ein Beispiel: Nach der traditionellen Auffassung hängt also die Bedeutung des Zeichens Widder in einzelnen Horoskopen vom Zustand seines Herrschers Mars ab;

[13] Eine ausführliche Beschreibung der Tierkreiszeichen aus klassischer Sicht finden Sie in meinem Buch *Der klassische Tierkreis und seine Bewohner* (Tübingen, 2010).

steht dieser gut und stark, beispielsweise in seinem eigenen Zeichen Widder in einem Eckhaus, können die positiven Bedeutungen des Widders zur Geltung kommen. Steht er aber schlecht und schwach, beispielsweise in seinem Exil Stier im ungünstigen 8. Haus, werden vor allem die schlechten Eigenschaften des Widders hervortreten.

Der niederländische klassische Astrologe Martien Hermes vergleicht diese Abhängigkeit der Zeichen von ihren Herrschern sehr schön mit der Lage einer Firma: Das Zeichen ist die Firma, sein Herrscher der Manager. Ist der Manager schlecht, geht es der Firma meistens auch nicht blendend!

Vergessen wir auch nicht, dass die Hauptbedeutungen der Zeichen aus jenen der Planeten und deren Würden entstanden sind! Warum ist beispielsweise Wassermann allergisch gegen Autoritäten? Weil die Sonne (= Autorität) im Zeichen Wassermann in ihrem Exil steht (das heißt in dem Zeichen, das im Tierkreis dem Sonnendomizil Löwe gegenüber liegt). Mit Uranus hat das (klassisch gesehen) nichts zu tun!

4. Häuser

Ein modernes Missverständnis

Die astrologischen Häuser bilden zusammen mit den Tierkreiszeichen und den Planeten die Grundlage der westlichen Astrologie. In der modernen Astrologie jedoch ist kaum noch bekannt, wie die astrologischen Häuser entstanden sind und woher ihre Bedeutungen ursprünglich stammen. Das hat u.a. dazu geführt, dass der Glaube an die Analogie zwischen Häusern und Zeichen ziemlich weit verbreitet ist. Sogar die Planeten werden meistens in diese Analogie einbezogen: Haus 1 = Widder = Mars, Haus 2 = Stier = Venus, Haus 3 = Zwillinge = Merkur usw. Dieses Konzept ist bestechend einfach, was zweifellos zu seiner Popularität beigetragen hat. Aber traditionell überliefert ist es nicht! Es führt leider zu nicht hinnehmbaren Verzerrungen und Entgleisungen. So hat zum Beispiel Haus 5 nichts mit dem fünften Zeichen Löwe und mit der Sonne zu tun. Man bedenke, dass Kinder und Schwangerschaft dem 5. Haus zugeordnet werden, während Löwe dagegen traditionell zu den *unfruchtbaren* Zeichen zählt! Ebenfalls unter das 5. Haus fallen Vergnügungen, Liebe und Geliebte, Schmuck usw., die eher zu Venus als zur Sonne passen. In Kapitel 8 wird erklärt, dass Venus im 5. Haus ihre „Freude" hat. So fallen Gefängnisse unter das 12. Haus, aber das 12. Zeichen Fische hat mit Gefängnissen nichts zu tun usw. Deborah Houlding schrieb eines der wenigen guten Bücher zum Thema Häuser, das auch die traditionellen Grundlagen deutlich erklärt.[14]

---

[14] Deborah Houlding. *Die astrologischen Häuser – Tempel der Planeten* (Tübingen, 2012).

Das Verhältnis Zeichen – Häuser

In den populären astrologischen Rubriken der Regenbogenpresse ist das Sonnenzeichen das wichtigste Kriterium für die täglichen und wöchentlichen Charakterisierungen und Vorhersagen. Hat man die Sonne im Krebs, ist man schlicht und einfach „Krebs" usw. Auch in der seriösen modernen Astrologie spielt das Sonnenzeichen eine relativ wichtige Rolle. In der traditionellen Astrologie dagegen haben die Häuser Priorität. Die Position von Sonne, Mond und Planeten in den Zeichen bestimmt vor allem ihre essentiellen Würden (vgl. Kapitel 7), die Häuserposition der Planeten dagegen bestimmt an erster Stelle deren Funktionieren, deren Bedeutung. So hat Hermann Hesse (Beispielshoroskop 4) seine Sonne zwar im Zeichen Krebs, aber ausschlaggebend für die Deutung ist, dass sie im 8. Haus steht und Herrscher des 9. Hauses ist, das die Sinngebung, die Erweiterung des spirituellen und geistigen Horizonts beherrscht.

Thematische Zuordnungen zu den Häusern

Ich gebe hier die Deutungs-Zuordnungen wieder, wie sie im Laufe der Jahrhunderte entstanden sind. In dieser Zeit haben einige Verschiebungen bei den Zuordnungen stattgefunden. Welche Bedeutungen die Häuser in der Hellenistischen Zeit hatten und wie diese Bedeutungen entstanden sind, erkläre ich ausführlich in Kapitel 16.

1. Haus (Ost)

Der Geborene selbst, sein Leben, sein Körper, sein Verstand und seine Talente („Vita, corpus, ingenium").

2. Haus

Materie, Existenzmittel, Besitz, Einkünfte und Ausgaben, Schulden.

3. Haus

Geschwister, kurze Reisen, Nachbarn, Nachrichten, Sprachen und alle Formen der Kommunikation.

4. Haus (Nord)

Familie, Eltern, insbesondere der Vater, Ahnen, Lebensanfang und Lebensende, das „Ende aller Dinge“, Ruhestand, Heim, Heimat, Zuhause, Immobilien (Grundstücke, Häuser), Umwelt, unterirdische Räume (Minen, Gräber), Privatleben.

5. Haus

Kinder, Hobbys, Freizeit, Vergnügungen, kreative Selbstdarstellung, Liebe und Geliebte, Schwangerschaft, Sexualität.

6. Haus

Krankheiten, Bedienstete, Angestellte, Handwerker, kleinere Haustiere (bis zur Größe eines Schafs), Geräte und Instrumente.

7. Haus (West)

Der andere (Haus 7 in Opposition zu Haus 1), Partner (auch geschäftliche), Ehe und Ehebruch, Kollegen, öffentliche Feinde.

8. Haus

Tod, Erbschaft, der Besitz der anderen, Probleme vielerlei Art.

9. Haus

Wissen, Philosophie und Religion, Horizonterweiterung, Spiritualität, Ausland, ferne Reisen, Urlaubsreisen, Zeremonien und Ritual(e), Wissenschaft, Universitäten, höhere Ausbildung (Gymnasien), Kongresse, Seminare, Astrologie, Lehrer, alternative Medizin, Träume und Visionen, Weissagung.

10. Haus (Süd)

Das öffentliche Leben, Arbeit, Autoritäten und Behörden, Ruf, Berufung, Ruhm, Mutter.

11. Haus

Freunde, Netzwerk, Wünsche und Hoffnungen, Zukunft.

12. Haus

Flüchtlinge, größere Nutztiere (Pferde, Kühe usw.), wilde Tiere, Pech und Unglück, Verluste, Gefängnisse, heimliche Feinde, Selbstzerstörung, schwarze Magie, Hexerei, Verschwörungen, Psychoterror (Mobbing).

Welches System?

Die Griechen entwickelten die individuelle Horoskopie und benutzten für ihre Horoskope anfänglich die *Ganzzeichenhäuser* (GZH)[15], ein System, das auch in der indischen Astrologie angewandt wird.[16]

Die Griechen berechneten den Aszendenten-Grad und erklärten das *ganze* Zeichen, in das der Aszendent fällt, zum ersten Haus, das *ganze* nächste Zeichen zum zweiten Haus usw. Der Aszendent wird so zu einem sensiblen Punkt *innerhalb* des ersten Hauses. Allerdings machte es für die Griechen schon einen Unterschied, ob ein Planet im 1. Haus über oder unter dem Horizont (AC/DC-Achse) steht. Mehr zu diesem Thema in Kapitel 6.

Ab etwa dem 2. Jahrhundert v. Chr. fing man an, auch das MC zu berechnen, das anfänglich als ein empfindlicher Punkt innerhalb des 10. oder 9. oder 11. Hauses betrachtet wurde. Später wurden die Häuser allmählich von den Zeichen gelöst, indem man mit dem Aszendenten das 1. und mit dem MC das 10. Haus beginnen ließ. Eines der ältesten dieser Systeme ist das nach Porphyrius benannte

---

15 Die Ganzzeichenhäuser werden ausführlich erörtert in: Robert Hand. *Traditionelle Astrologie – Ganzzeichenhäuser, Tag- und Nachthoroskope* (Tübingen, 2007).

16 Der amerikanische Astrologe Chris Brennan hat 2011 auf seiner Homepage www.hellenisticastrology.com klar dargelegt, dass auch Ptolemäus in seinem berühmten *Tetrabiblos* Ganzzeichenhäuser verwendete.

System, das die Ekliptik-Abschnitte zwischen den Achsen in drei gleiche Unterabschnitte teilte. Etwas später kam man auf den Gedanken, die Dreiteilung der Quadranten auf dem Äquator statt auf der Ekliptik vorzunehmen, was zu den Alcabitius-Häusern führte.

Insgesamt sind an die 20 Häusersysteme „im Angebot". Der Astrologe hat also die Qual der Wahl. So entstand etwa im 15. Jahrhundert das System Regiomontanus, das u.a. von den beiden letzten großen traditionellen Astrologen im 17. Jahrhundert benutzt wurde: Jean Baptiste Morin de Villefranche und William Lilly (vgl. Kapitel 14). Das System nach Regiomontanus war weit verbreitet, weil von diesem System gute Tabellen in Umlauf waren.

Das derzeit weltweit populärste Häusersystem unter westlichen Astrologen ist jenes von Placidus. Es wurde in der zweiten Hälfte des 17. Jahrhunderts von dem italienischen Astrologen Titis de Placidus entwickelt, als die zweitausendjährige Periode der traditionellen Astrologie zu Ende ging.

Einfach und universell: Die Ganzzeichenhäuser (GZH)

Ein großer Vorteil des GZH-Systems ist nicht nur, dass es bestechend einfach, sondern auch überall in der Welt anwendbar ist, auch in hohen geographischen Breiten, wo die neueren Häusersysteme teilweise kläglich versagen. Wenn die Astrologie die Absicht hat, ein kosmisches System zu sein, sollte sie Techniken benutzen, die überall auf der Welt funktionieren. Das GZH-System ist eine solche Technik.

Übrigens bleiben auch in diesem System nicht nur AC, sondern auch MC, DC und IC sensible Punkte, die in der Deutung besondere Beachtung finden.

So kann im GZH-System auf nördlicheren Breiten das MC auch in das 9. oder das 11. Haus fallen. Nach der Hellenistischen Astrologie ist in solchen Fällen Haus 10 deutlicher für das öffentliche

Leben, das Wirken in der Welt zuständig als das MC selbst, obwohl das MC als sensibler Punkt auch eine Rolle spielen kann, z. B. wenn es eine Konjunktion mit einem wichtigen Horoskopfaktor bildet.

Die *Ganzzeichen-Häuser* werden auch *topische* Häuser genannt (von griechisch: *tópos* – Ort). Topische Häuser informieren über die spezifischen Themen im Leben des Geborenen.

Die Häuser der neueren Systeme werden die *dynamischen* Häuser genannt (von griechisch: *dýnamis* – Kraft). Dynamische Häuser informieren über *die Kraft* der Planeten: So stehen Planeten in den dynamischen Eckhäusern stärker als in Mittelhäusern und fallenden Häusern.

Weil topische und dynamische Häuser sich ergänzen, ist es höchst interessant, Horoskope nach beiden Systemen parallel zu deuten. Insbesondere dann, wenn der Aszendent eher in den letzten Teil eines Zeichens fällt, kann es zu großen Unterschieden kommen. (In Kapitel 13 wird anhand von Dianas Horoskop das GZH-System mit Placidus verglichen.)

Weil im GZH-System Zeichen und Häuser identisch sind, werden im Horoskop fast ausschließlich die Planeten in den Häusern gedeutet. Dass zudem ein Planet nicht nur in einem Haus, sondern zur gleichen Zeit auch in einem Zeichen steht, ist vor allem wichtig bei der Bestimmung der *essentiellen Würden.* So steht beispielsweise Mars in Widder und in Skorpion in seinem *Domizil,* unabhängig davon, über welche Häuser er im Horoskop herrscht. Mehr zu diesem Thema in Kapitel 7. - Für dieses Buch habe ich die Ganzzeichenhäuser gewählt.

Der Reykjavík-Bub

Vor einiger Zeit musste ich das Horoskop eines in Reykjavík (Island) geborenen Kindes berechnen. Laut Placidus (Beispielhoroskop 1a) hat dieser Bub ein 6. und ein 12. Haus mit jeweils fast vier

Zeichen, während sich Haus 1, 2 und 3 (wie auch 7, 8 und 9) zusammen weniger als 30 Grad teilen müssen. Saturn steht an der Spitze des 6. Hauses, was bedeutet, dass das arme Kerlchen bis zu seinem zehnten (!) Lebensjahr einen Transit-Saturn durch das schwierige 6. Haus zu bewältigen hat.

Wenn man aber das Horoskop mit Ganzzeichenhäusern ausstattet (Horoskop 1b), sieht es auf einmal „normal" aus und man stellt sofort fest, dass in diesem Leben beispielsweise das Thema Krankheit (6. topisches Haus = Skorpion) nicht sofort und gar nicht so massiv von Transiten betroffen ist und dass auch andere Lebensbereiche eine gerechtere Chance bekommen, gelebt zu werden.

Fazit

Ich erwarte nicht, dass meine Leser, die bis jetzt mit moderneren Häusersystemen gearbeitet haben, diese jetzt aufgeben. Wer bis jetzt mit seinem Placidus-Horoskop gelebt hat und dieses Horoskop neben sein GZH-Horoskop legt, wird meistens einige deutliche Unterschiede feststellen, die er mit Sicherheit nicht ohne Weiteres akzeptieren möchte. In meinen Seminaren bemerke ich immer wieder, wie heftig die Teilnehmer oft auf das GZH-System reagieren. Einige sind erfreut, weil ihnen bestimmte Änderungen gefallen, andere sind empört. Auch ich habe in meinem Fall schlucken müssen. Zwar gelangte der Mond bei mir vom 2. ins 3. Haus und die Sonne vom 8. ins 9. Haus, also Änderungen, die mir gefallen und meines Erachtens auch besser zu mir passen. Aber meine schöne Venus/Jupiter-Konjunktion wurde aus dem 7. Haus ins 8. Haus verbannt, womit ich anfangs so meine Schwierigkeiten hatte.

Aber ich kann Ihnen dennoch empfehlen, mit den Ganzzeichenhäusern zu experimentieren. Nachdem auch ich mich anfänglich dagegen gesträubt habe, pflichte ich inzwischen Robert Hand bei, der seine Haltung so zusammenfasst: „*Ich muss ganz ehrlich sagen, dass die Ganzzeichenhäuser meinen widerwilligen Glauben bezwungen haben.*“[17]

Fragen und Aufgaben zu Kapitel 4

1. Vergleichen Sie Ihre beiden Geburtshoroskope miteinander: das Horoskop mit dem von Ihnen bis jetzt benutzten Häusersystem und das GZH-Horoskop.
2. Gibt es Änderungen?
3. Falls ja, welche?
4. Welche spontanen Gefühle rufen diese Änderungen bei Ihnen hervor?
5. Sind Sie bereit, über diese alternativen Änderungen nachzudenken?
6. Vergleichen Sie Barack Obamas Placidus-Horoskop (Horoskop 2a) mit seinem GZH-Horoskop (Horoskop 2b).
7. Welche Änderungen in den Häuser-Platzierungen gibt es?
8. Wie beurteilen Sie diese Änderungen?

[17] Robert Hand. *Traditionelle Astrologie – Ganzzeichenhäuser, Tag- und Nachthoroskope* (Tübingen, 2007), S. 157.

5. Aspektbildung und Aversion – „Dunkle" Häuser

Eng mit dem Ganzzeichenhäusersystem hängt die in der Hellenistischen Astrologie angewandte Aspektlehre zusammen. Das Wort „Aspekt" bedeutet „Blick", „Blickwinkel". Planeten im Aspekt können einander „sehen".

Die wichtigsten Regeln

Regel 1:

Planeten bilden Aspekte („sehen einander"), wenn sie sich im gleichen Zeichen/GZH-Haus befinden (Konjunktion) oder in Zeichen, die 60° (Sextil), 90° (Quadrat), 120° (Trigon) oder 180° (Opposition) voneinander entfernt sind. Orben spielen kaum eine Rolle!

Das heißt, dass alle Planeten im gleichen Zeichen (= Haus) Konjunktionen miteinander bilden, unabhängig davon, wo sie in diesem Zeichen genau stehen. Ein Planet auf 2° Zwillinge bildet eine Konjunktion mit einem Planeten auf 29° Zwillinge und ein Sextil mit einem Planeten auf 29° Löwe.

Allerdings: Je enger die Planeten zusammenstehen, desto kräftiger wirkt der Aspekt, insbesondere wenn es um einen *applikativen*

Aspekt geht, der innerhalb des Zeichens/der Zeichen, in dem/denen die Planeten sich befinden, exakt wird.

Applikative Aspekte sind Aspekte, die noch voll werden; *separative* Aspekte sind schon vorbei, sie sind exakt gewesen. (Dieser Unterschied spielt insbesondere in der Stundenastrologie eine große Rolle.)

Konjunktion, Sextil, Quadrat, Trigon und Opposition werden die 5 *ptolemäischen* Aspekte genannt.

Regel 2:

Es gibt nur Aspekte per Zeichen. Aspekte „außer Zeichen“ existieren nicht. Ein Planet auf 29° Zwillinge bildet keine Konjunktion mit einem Planeten auf 1° Krebs! Die Grenzen der Zeichen (=Häuser) sind in diesem Konzept messerscharf.

Regel 3:

Planeten in Zeichen, die 30° oder 150° voneinander entfernt sind, „sehen“ einander nicht; sie sind in *Aversion* und bilden keinen Aspekt. („Aversion“ stammt vom lateinischen *avertire*, das „sich abwenden“ bedeutet bzw. von *aversio* – „Abneigung), Widerwille“.

Ein Beispiel: Ein Planet in Widder bildet weder Aspekte mit Planeten in den Nachbarzeichen Stier und Fische (30 Grad entfernt) noch mit Planeten in Jungfrau und Skorpion (150 Grad entfernt).

Regel 4:

In der Frühzeit der Astrologie wurde nur wenig zwischen „guten“ und „schlechten“ Aspekten unterschieden. Im Großen und Ganzen war es für einen Planeten fast besser, mit den klassischen Übeltätern Mars und Saturn überhaupt keinen Aspekt zu bilden als beispielsweise ein Trigon oder Sextil.

Regel 5:

Aspekte zwischen Planeten und Häusern/Zeichen werden ebenfalls berücksichtigt. So ist es beispielsweise empfehlenswert, dass der AC-Herrscher (oft der „Ruderer“ genannt) das AC-Zeichen/Haus 1 (das „Ruder“) „sehen“ kann, also mit dem AC-Zeichen einen Aspekt bildet. Nehmen wir an, dass Merkur als Herrscher des Zwillings-AC/Haus 1 im Löwen steht. Weil Zwillinge und Löwe in einem Sextilverhältnis (60°) zueinander stehen, kann Merkur den Aszendenten „sehen". Befindet sich aber dieser Merkur im Krebs, das im 30-Grad-Verhältnis zu Zwillinge steht, kann Merkur den Zwillings-AC nicht sehen, was eine Behinderung darstellt. In diesem Fall könnte ein Planet, der sowohl mit dem Zwillings-AC als auch mit Merkur im Krebs in Aspekt ist, als „Zeuge" auftreten und Merkur darüber informieren, was in seinem Haus vorgeht. In diesem Fall wäre das beispielsweise ein Planet im Zeichen Jungfrau, das ein Quadrat-Verhältnis zu den Zwillingen (AC) und ein Sextil-Verhältnis zum Krebs hat. Wenn es so einen Planeten nicht gibt, bestehen folgende weitere Möglichkeiten:

- *Wenn er weder mit dem AC-Zeichen noch mit dem AC-Herrscher in Aversion ist, könnte der Erhöhungsherrscher des AC-Zeichens die Aufgaben des AC-Herrschers übernehmen.*
- *Wenn das nicht der Fall ist oder wenn es überhaupt keinen Erhöhungsherrscher gibt, könnte ein Triplizitätsherrscher des AC-Zeichens, der sowohl dieses Zeichen als auch den AC-Herrscher „sieht", eine Rolle spielen.*

Die Erhöhungen und Triplizitäten kommen in Kapitel 7 zur Sprache. - Klar ist, dass diese Regeln, wie ungewöhnlich sie modernen Astrologen anfangs auch erscheinen mögen, dennoch sehr einfach zu verstehen und leicht anzuwenden sind, wenn man sich einmal damit vertraut gemacht hat.

Unter den Strahlen der Sonne, Verbrennung, Cazimi

Wenn ein Planet weniger als etwa 15 Grad von der Sonne entfernt ist, befindet er sich *unter den Strahlen der Sonne*. Meistens ist er dann als Morgen- oder Abendstern nicht mehr sichtbar und man betrachtet seine Wirkung als geschwächt. Ist die Entfernung weniger als etwa 8½ Grad, dann ist der Planet von der Sonne „verbrannt" und kann seine Kraft überhaupt nicht mehr entfalten.

Von der Verbrennungsregel gibt es übrigens einige Ausnahmen:

- Zwischen Planet und Sonne befindet sich eine Zeichen/Häuser-Grenze.
- Der Planet steht in seinem Domizil.
- Die Sonne steht in ihrem Domizil Löwe.

In diesen drei Fällen wird die Verbrennung aufgehoben oder wenigstens merklich abgemildert.

Wenn sich der Planet *in Cazimi* („im Herzen der Sonne") befindet, das heißt höchstens 17 Bogenminuten von der Sonne entfernt ist, soll er riesige Kraft haben.

Diese Regel bestätigt sich nach meiner Erfahrung nur selten und sollte mit Vorsicht angewandt werden! *Cazimi* würde ich höchstens gelten lassen, wenn der betroffene Planet zur gleichen Zeit 0° Breite hat, das heißt, wenn er von der Erde aus betrachtet sich wirklich innerhalb des Sonnenkörpers befindet.

Die Begriffe *Unter den Strahlen der Sonne, Verbrennung, Cazimi* sind in der modernen Astrologie völlig in Vergessenheit geraten. Zweifellos hat das u.a. damit zu tun, dass sich Astrologen unserer Zeit im Gegensatz zu ihren antiken Kollegen kaum noch den Himmel anschauen. Ein verbrannter Planet ist auf dem Computerbildschirm genauso sichtbar wie irgendwo anders im Horoskop.

Antiszien und Gegen-Antiszien

Eine besondere Form der Aspektbildung ist die Antiszie. Zwei Planeten stehen in Antiszie, wenn sie in Bezug auf die Achse 0° Krebs/Steinbock (die Solstitien oder Sonnwendpunkte) die gleiche Länge haben.

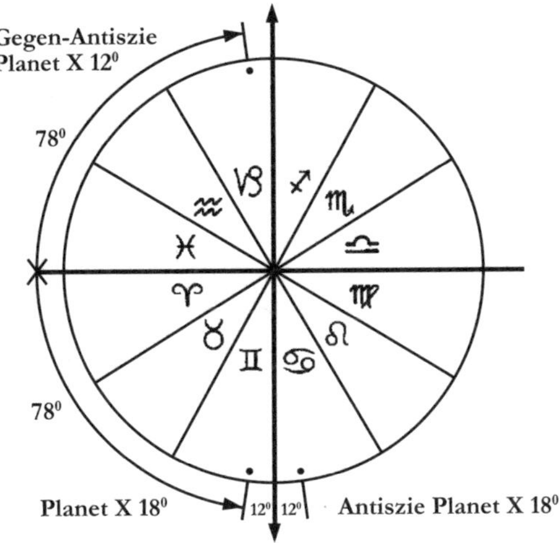

Abbildung 1: Antiszien

Ein Beispiel: Der eine Planet steht auf 18° Zwillinge, der andere auf 12° Krebs: Beide sind 12° von der Achse 0° Krebs/Steinbock entfernt. Obwohl die beiden sich gegenseitig nicht aspektieren, kann man diese Antiszien (oder Spiegelpunkte) als eine Art Konjunktion bewerten.

Kontrolle: Wenn man die Grade, in denen zwei Planeten in exakter Antiszie stehen, addiert, ist die Summe 30!

Von *Gegen-Antiszie* spricht man, wenn zwei Planeten sich an der Achse 0° Widder/Waage (die Äquinoktien oder Tagundnachtgleiche-Punkte) spiegeln. Ein Planet auf 18° Zwillinge hat seine Gegen-Antiszie auf 12° Steinbock: Beide sind 78 Grad von der Achse 0° Widder/Waage entfernt. Die Gegen-Antiszie eines Planeten ist immer in Opposition zur Antiszie! Die Gegen-Antiszie kann als eine Art Opposition bewertet werden.

Zu Unrecht werden Antiszie und Gegen-Antiszie oft vernachlässigt. Regelmäßig können sie die Deutung entscheidend beeinflussen, insbesondere wenn die beteiligten Planeten keinen „normalen“ Aspekt bilden.

Gegenseitige Rezeption

Eine besondere Verbindung zwischen Planeten ist die *gegenseitige Rezeption.* Mehr dazu in Kapitel 7.

Aversion – „Dunkle" Häuser

Die Zeichen/Häuser, die 30° oder 150° voneinander entfernt sind, „sehen" einander nicht. Sie sind in Aversion und werden „dunkle" Häuser genannt. Diese Auffassung ist am einfachsten nachzuvollziehen, wenn wir vom wichtigsten Haus im Horoskop, Haus 1, ausgehen.

Die traditionelle Astrologie betrachtet das Horoskop als Abbild des geborenen Lebens, während die moderne Astrologie das Horoskop als Abbild der Psyche betrachtet. Die moderne Auffassung meint also, dass der Geborene im *ganzen* Horoskop zu finden sei, während die Klassik im Gegensatz dazu meint, dass nur das 1. Haus, also der Aszendent und seine dazugehörenden Faktoren, den Geborenen repräsentiert.

So vertritt das 2. Haus Situationen und Menschen, die ihm im Leben im Zusammenhang mit Geld und materiellen Werten begegnen werden. Das 7. Haus steht nicht für den Geborenen selbst, sondern für seine(n) Partner und Gegner, das 10. Haus für Menschen und Situationen, die ihm in der Arbeits- und Berufswelt begegnen werden usw. Aus diesem Grund wurde in der Hellenistischen Astrologie nicht das ganze Geburtsbild, sondern nur Haus 1 „Horoskopós" genannt!

Haus 1 ist also das Leben selbst: *„Vita, corpus, ingenium"* (Leben, Körper, Verstand, Talent). In Aversion mit diesem Haus stehen die Nachbarhäuser 2 und 12 (30-Grad-Verhältnis) und die Häuser 6 und 8 (150-Grad-Verhältnis). Es geht hier um Häuser, die dem Leben (Haus 1) nicht dienlich sind und sogar schaden können: Haus

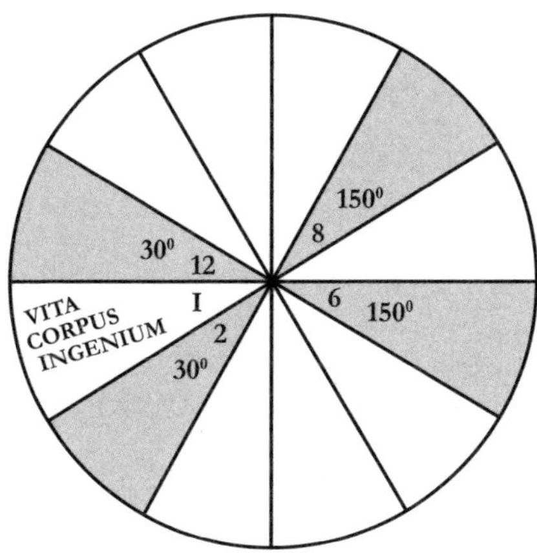

Abbildung 2: „Dunkle" Häuser

12 steht für Gefahren von allerlei Art, Haus 8 für den Tod und Haus 6 für Unfälle, Krankheiten und im Grunde alles, was einem fehlt. („Was fehlt dir?", fragen wir den kranken Menschen.) Haus 2, das für die Materie steht, ist ebenfalls ein gefährliches Haus, weil Geld und Besitz oft zu Missbrauch führen und demzufolge den Geborenen mit Schuld beladen können. Diese vier Häuser werden die „dunklen" Häuser genannt (siehe Abbildung).

Achtung: Planeten in den Nachbarzeichen Zwillinge und Krebs sind in Aversion, aber können trotzdem in Antiszie stehen. Das Gleiche gilt für Planeten in den Nachbarzeichen Schütze und Steinbock!

Fragen und Aufgaben zu Kapitel 5

Bitte beachten Sie: Zeichen = Haus! Aspekte gelten als Aspekte ganzer Zeichen!

1. Welche sind die 5 „ptolemäischen“ Aspekte?
2. Was ist der Unterschied zwischen applikativen und separativen Aspekten?
3. Wo befindet sich laut klassischer Auffassung im Horoskop der Geborene?
4. Welche Häuser werden, von Haus 1 betrachtet, die „dunklen“ Häuser genannt?

Beantworten Sie die folgenden Fragen über das Horoskop von Martin Luther (Beispielhoroskop 3):

5. Bilden Mars und Jupiter eine Konjunktion?
6. Und Mars und Sonne?
7. Bestimmen Sie alle Konjunktionen im Zeichen Skorpion, egal ob sie applikativ oder separativ sind.
8. Welche Planeten sind in Aversion mit den Planeten in Skorpion?
9. Bildet der AC-Herrscher Sonne (der „Ruderer“) einen Aspekt mit Haus 1 (dem „Ruder“)?

Beantworten Sie die folgenden Fragen über das Horoskop von Elisabeth Kübler-Ross (Beispielhoroskop 5):

10. Bildet der AC-Herrscher Jupiter (der Ruderer) einen Aspekt mit Haus 1 (dem Ruder)?
11. Falls nein, gibt es einen Planeten, der als „Zeuge“ sowohl Ruderer als auch Ruder „sehen“ kann?
12. Welche Planeten werden im Horoskop von Elisabeth Kübler-Ross bald eine Antiszie bilden? Wie würden Sie diese Antiszie deuten?

6. Tag und Nacht

Tag- und Nachtplaneten

In der traditionellen Astrologie wird ein Taghoroskop anders gedeutet als ein Nachthoroskop. Der Unterschied zwischen beiden Horoskopen ist einfach festzustellen: In einem *Taghoroskop* steht die Sonne über dem Horizont, das heißt: über der AC/DC-Achse. In einem *Nachthoroskop* steht die Sonne unter der AC/DC-Achse. Achtung: Im GZH-System fällt diese Achse nicht zusammen mit der Achse Haus 1 / Haus 7, sondern läuft durch Haus 1 und 7!

Nach der Tradition gibt es drei Tagplaneten: *Sonne, Jupiter und Saturn,* und drei Nachtplaneten: *Mond, Venus und Mars. Merkur* ist variabel: Wenn er morgens vor der Sonne aufgeht, ist er Tagplanet, wenn er abends nach der Sonne untergeht, ist er Nachtplanet. Merkurs Position zur Sonne kann man leicht feststellen, indem man im Horoskop die AC/DC-Achse so verschiebt, dass die Sonne auf dem Aszendenten zu stehen kommt. Befindet sich Merkur jetzt über dem Horizont, ist er Tagplanet; ist er unter dem Horizont, ist er Nachtplanet.

Nicht nur quantitativ, sondern auch qualitativ ist die Verteilung zwischen Tag und Nacht gerecht, denn unter den Tagplaneten befindet sich neben dem Licht Sonne ein klassischer „Wohltäter" (Jupiter) und ein „Übeltäter" (Saturn). Unter den Nachtplaneten befindet sich neben dem Licht Mond die „Wohltäterin" Venus und der „Übeltäter" Mars. (Die Begriffe Wohltäter und Übeltäter wurden in Kapitel 3 behandelt.)

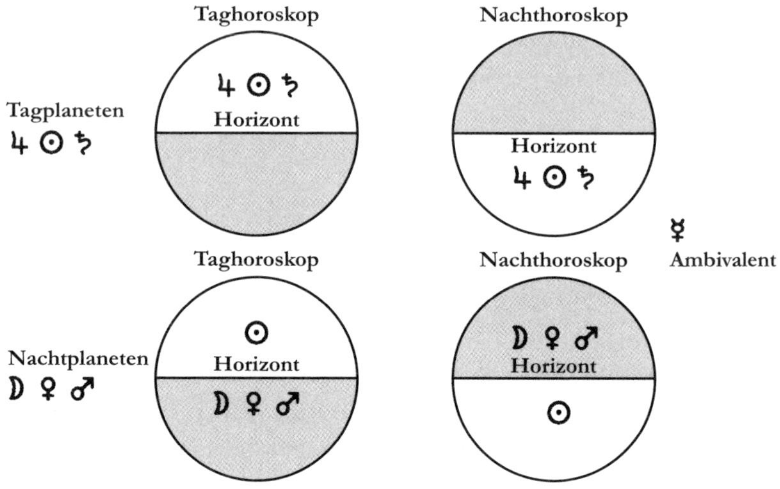

Abbildung 3. Tag- und Nachtplaneten

In einem Taghoroskop steht ein Tagplanet in seiner *Sektion* und hat eine gute Ausgangsposition für sein Funktionieren. Das Gleiche gilt für einen Nachtplanet in einem Nachthoroskop. Er ist „*in propria conditione*" und ist mit einem Fußballspieler zu vergleichen, der eine Partie im eigenen Stadion spielen kann. Noch besser steht er da, wenn er zudem in seiner *Hemisphäre* (in seiner *Himmelshalbkugel)* steht, das heißt, sich über dem Horizont befindet (was bei der Sonne in einem Taghoroskop übrigens immer der Fall ist). Das Gleiche gilt für einen Nachtplaneten, wenn dieser in einem Nachthoroskop ebenfalls über dem Horizont steht.

Umgekehrt hat ein Tagplanet in einem Nachthoroskop eine geschwächte Startposition, und das ist auch mit einem Nachtplaneten in einem Tageshoroskop der Fall (vgl. Abbildung).

Es gibt zur Bestimmung von Merkurs Sektionsstatus noch folgende Variante: Vettius Valens (2. Jh. n. Chr.), ein jüngerer Zeitgenosse von Ptolemäus (und eine der wichtigsten Quellen hellenistischer Texte) sagt in Band III seiner *Anthologie*, dass der Sektionsstatus von Merkur dadurch bestimmt wird, in wessen Grenzen Merkur steht. Ist der Grenzenherrscher ein Tagplanet, wird Merkur als Tagplanet gesehen. Ist der Grenzenherrscher ein Nachtplanet, wird Merkur als Nachtplanet gesehen. (Die Grenzenherrscher werden in Kapitel 7 behandelt.)

In einem Taghoroskop ist die *Sonne* das *Hauptlicht*, in einem Nachthoroskop ist das der *Mond*. Das Hauptlicht wirkt sich auf das Leben des Geborenen stärker aus als das andere Licht.

Wenn ein Planet in seiner *Sektion* und seiner *Hemisphäre* steht und zudem Würde hat, wird er besonders stark und könnte gegebenenfalls zum *Horoskopherrscher* werden, also zum Planeten, der das Leben des Geborenen beherrscht und die Fäden in der Hand hält. Allerdings sollte er dann noch einige zusätzliche Bedingungen erfüllen: So sollte er nicht *rückläufig* und nicht von der Sonne *verbrannt* sein. (Zum Thema *Verbrennung* s. Kapitel 5.) Sowohl die Rückläufigkeit als auch die Verbrennung schwächen nach traditioneller Auffassung einen Planeten sehr. (Mehr zum Thema *Horoskopherrscher* in Kapitel 9.)

Weil im Ganzzeichenhäusersystem die AC/DC-Achse durch das 1. und 7. Haus läuft, kann ein Planet in diesen Häusern sowohl über als auch unter dem Horizont stehen, was einen Unterschied in der Deutung ausmacht. So hat beispielsweise die Sonne in Haus 1 über dem Horizont eine günstigere Bedeutung als unter dem Horizont. Dazu ein interessantes klassisches Zitat:

> *„Die Sonne im Aszendenten in einem Taghoroskop, nicht ungünstig gestellt, vor allem wenn sie in ihrem Domizil oder der Erhöhung oder in ihrer Triplizität steht, zeigt eine Person, die von einem edlen Vater abstammt und die in ihrem eigenen Land mit Reichtümern und Besitz verherrlicht wird. Aber die Sonne bei Nacht im Aszendenten zeigt eine Person, deren Vater arm und von niedriger Geburt ist oder verjagt wurde, was bedingt, dass das Leben des Geborenen mühsam und ohne Ruhm verlaufen wird.“* [18]

---

[18] Aus dem *Liber Hermetis*, zitiert in: Robert Hand, *Traditionelle Astrologie*, S. 138-139.

Modernen Astrologen mag das alles merkwürdig erscheinen, denn über dem Horizont steht nach ihrem Begriff die Sonne im zwölften Haus. Aber die Sonne ist ein Tagesplanet und ist deshalb laut klassischer Auffassung über dem Horizont in ihrer *Sektion* besser gestellt.

Hayz und ex conditione

Was den planetarischen Zustand betrifft, gibt es zwei Extreme: *hayz* (= natürlicher Platz) oder *ex conditione* (außerhalb der Bedingungen). In *Hayz* erfüllt ein Planet drei Bedingungen:

Tagplaneten in hayz:

1. In ihrer *Sektion* (= in einem Taghoroskop);
2. In ihrer *Hemisphäre* (= über dem Horizont);
3. In ihrer *Domäne* (= in einem männlichen Zeichen, also Feuer- oder Luftzeichen.*

Beispiel: Jupiter steht in *hayz* in einem Taghoroskop, über dem Horizont, im männlichen Zeichen Waage.

Nachtplaneten in hayz:

1. In ihrer *Sektion* (= in einem Nachthoroskop);
2. In ihrer *Hemisphäre* (= *über* (nicht unter!) dem Horizont);
3. In ihrer *Domäne*: in einem weiblichen Zeichen (Erde oder Wasser). Ausnahme: Mars, der in einem männlichen Zeichen stehen soll.*

Beispiel: Venus steht in *hayz* in einem Nachthoroskop, über dem Horizont, im weiblichen Zeichen Krebs.

**Man sollte allerdings auch die essentiellen Würden dazu in Betracht ziehen. So steht der männliche Planet Jupiter im weiblichen Zeichen Fische gut, weil das eines seiner Domizile ist! (Mehr zu diesem Thema in Kapitel 7.)*

Übrigens steht ein Tagplanet in einem Nachthoroskop am besten *unter* dem Horizont. Das Gleiche gilt für einen Nachtplaneten in einem Taghoroskop. - Erfüllt ein Planet kein einziges dieser Hayz-Kriterien, dann befindet er sich *ex conditione,* d. h. „vollständig außerhalb der (günstigen) Bedingungen". Das ist beispielsweise der Fall mit dem Tagplaneten Jupiter in einem Nachthoroskop, über dem Horizont, im weiblichen Zeichen Skorpion. Oder mit dem Nachtplaneten Venus in einem Taghoroskop, über dem Horizont, im männlichen Zeichen Zwillinge.

In der Hellenistischen Astrologie wurde übrigens vor allem die Bedeutung der Sektion betont. Ob ein Planet zudem in der richtigen Hemisphäre oder/und in seiner Domäne steht, wurde kaum beachtet. Diese zusätzlichen Nuancierungen wurden erst im Mittelalter viel wichtiger.

Beispiel Martin Luther

Das Horoskop des großen Reformators Martin Luther (Horoskop 3) zeigt uns, wie gut diese klassischen Regeln funktionieren.

Luthers Geburtsbild ist ein Nachthoroskop, was bedeutet, dass die Nachtplaneten Mond, Venus und Mars eine bessere „Startposition" haben als die Tagplaneten Sonne, Jupiter und Saturn. Auch Merkur gehört zu den Nachtplaneten, denn seine zodiakale Position hinter der Sonne (Sonne in Skorpion, Merkur in Schütze) macht ihn zum Abendstern. Aber sowohl Venus als auch Merkur stehen in „Anti-Würde": Venus in ihrem Exil Skorpion und Merkur in seinem Exil Schütze (s. Kapitel 7). Mars und Mond stehen viel besser: Der Mond hat zwar in Widder keine Würde, steht aber als Nachtplanet in einem Nachthoroskop über dem Horizont stark und ist das Hauptlicht des Horoskops. Dieser starke Mond machte Luther zu einem Mann des Volkes! Mars steht in seinem klassischen Domizil Skorpion sehr stark und beherrscht als Dispositor nicht weniger als vier Planeten: die beiden Lichter Sonne (im Marsdomizil Skorpion) und Mond (im Marsdomizil Widder) plus Venus und Saturn (in Skorpion). Daraus kann man schon schlussfolgern, dass Mars und Mond weitaus die stärksten Planeten in Luthers Horoskop sind. Übrigens hängt das Wohlbefinden von Planeten stark vom Wohlbefinden ihres Dispositors ab. Weil Mars gut steht, fühlen auch Sonne, Mond, Venus und Mars sich relativ wohl. Wie schon in Kapitel 3 angedeutet, sind sie mit Arbeitnehmern in einer Firma zu vergleichen, deren Chef (Mars) ein guter Arbeitgeber ist. Mehr zu Luthers Mars in Kapitel 9.

Fazit

Dieses Beispiel zeigt, dass die klassische Betrachtung es ermöglicht, ziemlich schnell die Zusammenhänge im Horoskop aufzuzeigen und sich damit sofort ein Bild von den Motivationen des Geborenen zu machen.

Fragen und Aufgaben zu Kapitel 6

1. Ist Barack Obamas Horoskop (Nr. 2b) ein Tag- oder ein Nachthoroskop?
2. Welche sind im Allgemeinen die Tagplaneten und welche die Nachtplaneten?
3. Wann ist Merkur Tagplanet, wann Nachtplanet?
4. Erläutern Sie die Begriffe *hayz* und ex *conditione.*
5. Bestimmen Sie in den folgenden Horoskopen, ob Merkur Tag- oder Nachtplanet ist: Reykjavík-Bub (Horoskop 1b), Barack Obama (Horoskop 2b), Martin Luther (Horoskop 3), Hermann Hesse (Horoskop 4), Elisabeth Kübler-Ross (Horoskop 5), Papst Benedikt XVI (Horoskop 6), Prinzessin Diana (Horoskop 7).
6. Es gibt unter den ersten sieben Beispielshoroskopen nur ein Horoskop, in denen ein Planet in *Hayz* steht. In welchem Horoskop ist das der Fall und um welchen Planeten geht es?
7. Es gibt unter den ersten sieben Beispielshoroskopen nur zwei Horoskope, in denen sich ein Planet *ex conditione* befindet. In welchen Horoskopen ist das der Fall und um welche Planeten geht es?

Bitte beachten Sie: Bei den folgenden Fragen: Zeichen = Haus! Aspekte beziehen sich ausschließlich auf ganze Zeichen!

8. Analysieren Sie Venus in Luthers Horoskop (Nr. 3)
9. Analysieren Sie Venus im Horoskop von Benedikt XVI (Nr. 6)
10. Analysieren Sie als Übung willkürliche Planeten in den verschiedenen Beispielhoroskopen oder im eigenen Horoskop oder in Horoskopen anderer Menschen.

7. Essentielle Würden

Die essentiellen Würden beziehen sich auf die Zeichenposition der Planeten und sind wesentliche („essentielle“) Bausteine der traditionellen Astrologie. Sie liegen dem System der *Dispositoren* und der *gegenseitigen Rezeptionen* (die weiter unten behandelt werden) zugrunde und beeinflussen schließlich auch die Aspektdeutung.

Die Würden bilden die Grundlage der traditionellen Astrologie. Es ist schade, dass sie in der modernen Astrologie kaum noch angewendet werden, denn dadurch ist ein wichtiges Deutungsinstrumentarium verloren gegangen.

Domizil und Erhöhung

„Würde“ hat ein Planet, wenn er in einem seiner *Domizile* oder in seiner *Erhöhung* steht.

In Abbildung 4 finden Sie im Kreis die Zuordnungen der *Domizile* der antiken Planeten: Die beiden Lichter Sonne und Mond haben jeweils in Löwe und Krebs ihre Domizile, während die Domizile von Merkur, Venus, Mars, Jupiter und Saturn sich an beiden Seiten der Domizile von Sonne und Mond gruppieren. Achtung: In der traditionellen Astrologie herrscht Mars nicht nur über Widder, sondern auch über Skorpion, Jupiter sowohl über Schütze als auch über Fische und Saturn über Steinbock *und* Wassermann.

Im Außenkreis finden Sie die *Erhöhungszeichen* der antiken Planeten. Auffällig ist, dass Merkur nach der Tradition seine Erhöhung im Zeichen Jungfrau findet, in dem er auch sein Domizil hat.

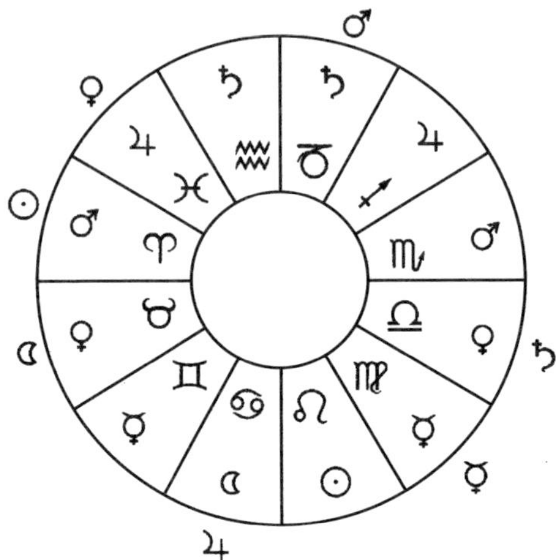

Abbildung 4: Domizile und Erhöhungen

Ein Planet steht in seinem Domizil oder in seiner Erhöhung recht gut, weil er dort seine besten Eigenschaften entfalten kann. Auch die beiden traditionellen „Übeltäter" Saturn und Mars zeigen sich in ihren Domizilen und ihrer Erhöhung in der Regel freundlicher.

In seinem Domizil ist der Planet zu vergleichen mit einem Herrn, der in seinem eigenen Haus waltet. Im Zeichen seiner Erhöhung ist er wie ein hoch angesehener Gast im Hause eines guten Freundes. Die Hellenistische Astrologie benutzt für diese Würde das Wort *hýpsoma* = (Höhe) und sieht als Aufgabe des Erhöhungsherrschers, sich selbst und das Zeichen ins Auge springen zu lassen, gut sichtbar zu machen.

Die Anti-Würden Exil und Fall

Im Exil steht ein Planet im Zeichen, das dem Zeichen gegenüber liegt, in dem er sein Domizil hat. Mit Ausnahme von den beiden Lichtern Sonne und Mond haben alle antiken Planeten zwei Domizile und damit auch zwei Exile. So hat beispielsweise Mars seine Domizile im Widder und Skorpion und deshalb seine Exile in der Waage und im Stier.

Im Fall steht ein Planet im Zeichen gegenüber dem Zeichen, in dem er erhöht ist. So steht Mars im Steinbock erhöht und deshalb im Krebs in Fall.

Planeten in Exil oder Fall stehen nicht unbedingt schwach! Vielmehr können sie (insbesondere die Übeltäter Saturn und Mars) dort ihre negativeren Eigenschaften entfalten.

Übrigens wurde in der Hellenistischen Astrologie ein Planet im Exil nicht als unbedingt schlecht, sondern vielmehr als geschwächt gesehen, weil er sich am weitesten von seinem Domizil (Zuhause) befindet. Einen Planeten im Fall betrachtete die Hellenistische Astrologie als mehr oder weniger „unsichtbar".

Triplizitäten

Nach der Elementenlehre gibt es im Tierkreis die Feuer-, Erde-, Luft- und Wassertriplizität („Triplizität" = dreifaches Vorkommen, weil zu jeder Triplizität drei Zeichen gehören), in denen nach alten Regeln bestimmte Planeten herrschen. Für die Bestimmung dieser Triplizitätenherrscher ist es wichtig, zu wissen, ob man es mit einem Tag- oder Nachthoroskop zu tun hat. Wie wir in Kapitel 6 gesehen haben, ist dieser Unterschied sehr einfach:

Taghoroskop: Sonne steht über dem Horizont (oberhalb der AC/DC-Achse)
Nachthoroskop: Sonne steht unter dem Horizont (unterhalb der AC/DC-Achse)

Jedes Zeichen hat zwei Triplizitätsherrscher: einen Tag- und einen Nachtherrscher. Die Wasserzeichen haben allerdings nur einen Triplizitätsherrscher, der sowohl Tag- als auch Nachtherrscher ist, Mars. - Hier die Tabelle der Zuordnungen:

Element	Tagherrscher	Nachtherrscher
Feuer	Sonne	Jupiter
Erde	Venus	Mond
Luft	Saturn	Merkur
Wasser	Mars	Mars

Die Triplizitäten können einem Planeten manchmal einen ambivalenten Charakter geben: Venus (bei Tag) steht beispielsweise in der Jungfrau sowohl im Fall als auch in der Triplizität. Das Gleiche gilt für Mars im Krebs. Ein solcher Planet steht zwar „schlecht", aber zeigt hin und wieder auch seine freundliche Seite.

Es gibt noch ein zweites System mit drei Triplizitätsherrschern pro Element: einem Tag- und einem Nachtherrscher sowie einem dritten zusätzlichen Herrscher, der sowohl bei Tag als auch bei Nacht regiert.

Triplizität	Tagherrscher	Nachtherrscher	2. Herrscher (Tag und Nacht)
Feuer	Sonne	Jupiter	Saturn
Erde	Venus	Mond	Mars
Luft	Saturn	Merkur	Jupiter
Wasser	Venus	Mars	Mond

Der klassische Astrologe hat hier die Qual der Wahl. Ich habe mich nach längerem Experimentieren für das Zweiherrschersystem entschieden, das auch in der Stundenastrologie gut funktioniert.

Grenzen („termini")

In der antiken Astrologie wurde jedes Tierkreiszeichen in fünf ungleich große Abschnitte, die „Grenzen" (Latein: „termini"), eingeteilt, die jeweils den fünf Planeten *Merkur, Venus, Mars, Jupiter* und *Saturn* zugeordnet wurden. Sonne und Mond haben keine Grenzen. Für die Bestimmung der Grenzen gab es verschiedene Methoden. Dass viele Stundenastrologen für die Grenzen das sogenannte ptolemäische System benutzen, geht zweifellos auf das Konto des englischen Astrologen William Lilly, der in seinem berühmten Werk *Christian Astrology* dieses System aus Ptolemäus' *Tetrabiblos* übernommen hat. Allerdings bevorzugen verschiedene traditionelle Astrologen unserer Zeit, die sich eingehend mit den verschiedenen Systemen auseinandergesetzt haben, das ägyptische System der Grenzen, weil sie aufgrund ihrer Forschungen vermuten, dass das ptolemäische System aufgrund von Abschreibfehlern unkorrekt ist. In diesem Buch benutze ich ebenfalls die ägyptischen Grenzen. Zur Geschichte und zum rationalen Hintergrund der Grenzen verweise ich auf einschlägige Literatur, beispielsweise auf Rafael Gil Brands *Lehrbuch der klassischen Astrologie.*

Tatsache ist, dass die Grenzen in der traditionellen Astrologie einen hohen Stellenwert hatten und beispielsweise auch in Verbindung mit Prognosetechniken verwendet wurden.

Sowohl in der Stunden- als auch in der Radixastrologie lohnt es sich, die Grenzen anzuwenden, weil sie die Qualität eines Planeten modifizieren können. Ein Beispiel: Mars steht in der Waage im Exil. Steht er in diesem Zeichen aber auf 28° oder 29°, dann befindet er sich in seiner „Grenze" und wird damit wieder aufgewertet. Wenn ein Planet zur gleichen Zeit in einer seiner negativen Würden und in seinen Grenzen steht, ist er zu vergleichen mit einem Reisenden, der in einem schlechten Hotel das Glück hat, das einzige relativ gute Zimmer bekommen zu haben, wo er sich zu Hause fühlen kann.

Ebenso kann ein Planet einen anderen Planeten, der in seinen Grenzen steht, unterstützen. In der Hellenistischen Astrologie wurde der Grenzenherrscher eines jeweiligen Planeten auch zur subtileren Charakterisierung dieses Planeten verwendet. Er fungiert innerhalb seiner Grenzen als Formgeber des Gastplaneten, als eine Art Kanal, durch den er dessen Handlungen leitet. Merkur in den Grenzen von Jupiter macht eine ungehinderte Entfaltung der Merkur-Kräfte eher möglich als Merkur in den Grenzen von Saturn. In diesem Fall wäre Merkur nicht frei in seiner Aktivität, er müsste sich

„saturnisch" einschränken. Diese Auffassung geht auf Critodemus zurück, einen Astrologen, der vermutlich im 1.Jh. n. Chr. lebte und von Vettius Valens in seiner „Anthologie" oft zitiert wird.

Die Tabelle der ägyptischen Grenzen muss man folgendermaßen lesen: Im Zeichen Widder hat Jupiter seine Grenzen in den ersten 6 Graden (0°-5°), Venus in den nächsten 6 Graden (6°-11°), Merkur in den darauffolgenden 8 Graden (12°-19°), Mars in den darauffolgenden 5 Graden (20°-24°) und Saturn in den letzten 5 Graden (25°-29°) usw.

Achtung: In früheren Zeiten hat man die Zeichengrade von 1° bis 30° nummeriert. Im Computerzeitalter laufen die Zeichen von 0° („1. Grad") bis einschließlich 29° („30. Grad"), so wie in der unterstehenden Tabelle.

Zeichen		**Grenzen**			
Widder	Jupiter 5°	Venus 11°	Merkur 19°	Mars 24°	Saturn 29°
Stier	Venus 7°	Merkur 13°	Jupiter 21°	Saturn 26°	Mars 29°
Zwillinge	Merkur 5°	Jupiter 11°	Venus 16°	Mars 23°	Saturn 29°
Krebs	Mars 6°	Venus 12°	Merkur 18°	Jupiter 25°	Saturn 29°
Löwe	Jupiter 5°	Venus 10°	Saturn 17°	Merkur 23°	Mars 29°
Jungfrau	Merkur 6°	Venus 16°	Jupiter 20°	Mars 27°	Saturn 29°
Waage	Saturn 5°	Merkur 13°	Jupiter 20°	Venus 27°	Mars 29°
Skorpion	Mars 6°	Venus 10°	Merkur 18°	Jupiter 23°	Saturn 29°
Schütze	Jupiter 11°	Venus 16°	Merkur 20°	Saturn 25°	Mars 29°
Steinbock	Merkur 6°	Jupiter 13°	Venus 21°	Saturn 25°	Mars 29°
Wassermann	Merkur 6°	Venus 12°	Jupiter 19°	Mars 24°	Saturn 29°
Fische	Venus 11°	Jupiter 15°	Merkur 18°	Mars 27°	Saturn 29°

Dekanate oder „Gesichter"

Die Teilung der Tierkreiszeichen in je drei Dekanate von 0° bis 9°, 10° bis 19° und 20° bis 29° ist uralt. Auch hier gibt es verschiedene Systeme, von denen sich das ägyptische System in der traditionellen Astrologie durchgesetzt hat. In jedem Dekanat herrscht einer der sieben antiken Planeten. Die Reihenfolge ab dem 1. Dekanat des

Widders ist: *Mars, Sonne, Venus, Merkur, Mond, Saturn, Jupiter, Mars* usw. (s. Tabelle). Im 1. Dekanat des Widders herrscht also Mars, im 2. die Sonne, im 3. Venus; im 1. Dekanat des Stiers herrscht Merkur usw. Wir nennen diese Reihenfolge die *chaldäische* Reihe. Man merkt sich diese am besten, indem man mit Saturn anfängt, denn so beginnt sie beim langsamsten Planeten und endet beim schnellsten: Saturn, Jupiter, Mars, Sonne, Venus, Merkur, Mond. Die Dekanate wurden auch „Gesichter" (Latein: „facies") genannt, weil sie ursprünglich von ägyptischen Göttern beherrscht wurden.

Diese Würde ist noch schwächer als die der Grenzen, aber kann trotzdem die Bewertung eines Planeten modifizieren. Zum Beispiel hat in der Jungfrau die Sonne keine der größeren Würden; befindet sie sich aber im 1. Dekanat dieses Zeichens, steht sie in ihrem „Gesicht" und wird aus diesem Grund aufgewertet.

Zeichen	**Herrscher 0⁰ - 9⁰**	**Herrscher 10⁰ - 19⁰**	**Herrscher 20⁰ - 29⁰**
Widder	Mars	Sonne	Venus
Stier	Merkur	Mond	Saturn
Zwillinge	Jupiter	Mars	Sonne
Krebs	Venus	Merkur	Mond
Löwe	Saturn	Jupiter	Mars
Jungfrau	Sonne	Venus	Merkur
Waage	Mond	Saturn	Jupiter
Skorpion	Mars	Sonne	Venus
Schütze	Merkur	Mond	Saturn
Steinbock	Jupiter	Mars	Sonne
Wassermann	Venus	Merkur	Mond
Fische	Saturn	Jupiter	Mars

Planeten auf ihrem Thron

Würden sind kumulativ: Wenn ein Planet auf dem Grad, in dem er sich befindet, zwei oder mehr Würden hat, „sitzt er auf seinem Thron", das heißt, er ist besonders gut gestellt. So befindet sich Jupiter zwischen 0° und 11° Schütze sowohl in seinem Domizil als auch in seiner Grenze. Venus zwischen 0° und 7° Stier hat sogar drei Würden: Domizil, Triplizität, Grenze.

Peregrinität

Steht ein Planet nicht in seinem Domizil oder Exil, nicht in seiner Erhöhung oder seinem Fall, nicht in Triplizität und nicht in seiner Grenze oder in seinem Dekanat, so gilt er als „peregrin" (Latein: *peregrinus* = „fremd"). Ein solcher Planet ist geschwächt, kann seine Kräfte nicht richtig entfalten. Er ist nicht autonom und wird sehr abhängig, sowohl von seinem Dispositor als auch von dem Planeten, in dessen Grenze er steht. Dieser Grenzenherrscher kann die Energie des peregrinen Planeten kanalisieren und konzentrieren.

Dispositoren

Der Planet, in dessen Domizil ein anderer Planet steht, ist der Dispositor dieses Planeten. Steht dieser Planet schwach, so wird für dessen Wohlbefinden erfahrungsgemäß der Dispositor wichtiger, insbesondere wenn dieser sein Domizil, in dem der andere Planet steht, „sehen" kann, nämlich aspektiert.

Beispielsweise ist Mars geschwächt: Er steht im Stier im Exil und ist rückläufig. Der Dispositor Venus steht in den Fischen in der Erhöhung und „sieht" (aspektiert) ihr Domizil Stier (im Sextilverhältnis). Venus wird jetzt für Mars sehr bedeutend und kann ihm helfen, seine Schwächen zu überwinden.

Weil die Gastfreundschaft in der hellenistischen Kultur einen sehr hohen Stellenwert hatte, wurde der Dispositor eher als eine Art Diener der Planeten, die in seinem Domizil standen, betrachtet. Die spätere Auffassung, dass der Dispositor die Planeten in seinem Zeichen „beherrscht", wäre dieser Kultur völlig fremd gewesen!

Wer unter meinen Lesern regelmäßig, insbesondere für mehrere Tage zu Hause Gäste empfängt, kann der griechischen Auffassung eigentlich nur beipflichten. Ein guter Gastgeber tut alles, was in seiner Macht steht, damit die Gäste sich wohl fühlen! Es sind vielmehr die Gäste, die den Gastgeber „beherrschen" als umgekehrt.

Gegenseitige Rezeption

In gegenseitiger Rezeption stehen zwei Planeten, wenn der eine in einer Würde des anderen steht und umgekehrt. Wenn die Planeten im jeweiligen Domizil des anderen stehen, sind sie die Dispositoren voneinander, sie „empfangen" einander. Einige Beispiele: Sonne im Widder und Mars im Löwen, oder Venus im Krebs und Mond in der Waage. - Es gibt auch die "gemischte" gegenseitige Rezeption. Beispiel: Venus im Krebs (Monddomizil) und Mond in den Fischen (Venuserhöhung). Noch ein Beispiel: Merkur steht im Steinbock (Venus-Triplizität) und Venus im Wassermann (Merkur-Triplizität). Die gegenseitige Rezeption hat folgendes Symbol: ↔. Man schreibt also: Venus ↔ Mond. Die Rezeption im Domizil und/oder in der Erhöhung ist sehr stark und kann als eine Art Konjunktion bewertet werden. Die Kraft einer gegenseitigen Rezeption wird übrigens geschwächt, wenn die betroffenen Planeten selbst nicht gut stehen, zum Beispiel wenn einer der beiden Planeten verbrannt oder rückläufig ist oder im Exil steht usw. Die Hilfe ist dann einseitig: Der besser gestellte Planet kann nur dem Schwächeren helfen, nicht umgekehrt.

Negative Rezeption

Von negativer Rezeption ist die Rede, wenn der eine Planet im Exil oder im Fall des anderen steht und umgekehrt. Beispiel: Venus im Widder (Exil des Mars) und Mars in der Jungfrau (Fall der Venus).

Zwei Planeten in negativer Rezeption helfen einander nicht, sondern schaden einander. Die negative Rezeption ist insbesondere in der medizinischen Stundenastrologie wichtig.[19]

Wenn allerdings die betroffenen Planeten selbst Würde haben, hält sich dieser negative Einfluss in Grenzen, weil die beiden durch ihre Würde geschützt sind. Beispiel: Mars im Steinbock und Jupiter im Krebs. Jeder Planet steht jeweils im Fall des anderen, aber beide sind zugleich erhöht.

Fragen und Aufgaben zu Kapitel 7

1. Versuchen Sie, die drei wichtigsten Würden (Domizile, Erhöhungen und Triplizitäten) aller Planeten auswendig zu lernen. (Begründung: Ohne Kenntnis dieser Würden, Grundgerüst der ganzen traditionellen Astrologie, ist keine traditionelle Deutung möglich!)
2. Welche Planeten stehen im Horoskop des Reykjavík-Bub (Nr. 1b) in gegenseitiger Rezeption? Berücksichtigen Sie nur Domizile und Erhöhungen.
3. Warum ist diese gegenseitige Rezeption so wichtig?
4. Haben diese beiden Planeten in diesem Horoskop Würde?
5. Welche Planeten stehen im Horoskop von Hermann Hesse (Nr. 4) in gegenseitiger Rezeption? Berücksichtigen Sie nur Domizile und Erhöhungen.
6. Gibt es noch eine andere Verbindung zwischen diesen beiden Planeten?
7. Haben diese beiden Planeten in diesem Horoskop Würde?
8. Wie viele Würden sammelt Mars in Luthers Horoskop Nr. 3)?
9. Im Horoskop von Elisabeth Kübler-Ross (Nr. 5) steht Saturn „ex conditione“ und ist zudem rückläufig. Inwiefern bekommt dieser Planet Unterstützung von seinem Dispositor?

---

[19] Erik van Slooten. *Klassische Stundenastrologie*, Kapitel 15.

8. Akzidentelle Würden

Bei der Feststellung, ob ein Planet seine guten oder eher schlechten Eigenschaften zeigt, werden insbesondere seine *essentiellen* Würden und Anti-Würden (Domizil, Erhöhung, Triplizitäten, Grenzen, Dekanate, Exil, Fall, Peregrinität) beachtet. Es geht dann immer um seine Position im Tierkreis. Aber ein Planet in seinem Domizil oder seiner Erhöhung kann trotzdem geschwächt und umgekehrt in seinem Exil oder Fall stark sein. Seine Stärke oder Schwäche hängt von seinen *akzidentellen Würden* ab. Diese werden *akzidentell* (= „zufällig") genannt, weil Planeten diese Würden oft nur relativ kurze Zeit besitzen.

Hierzu zunächst eine zusammenfassende Aufzählung. *Ein Planet wird gedeutet in Bezug auf:*

1. den Tierkreis → essentielle Würden;
2. die Sonne → Tag-/Nachthoroskop, Phasen, Verbrennung, Rückläufigkeit;
3. den Horizont → Häuser;
4. seine Aspekte und andere Verbindungen.

Die Punkte 2, 3 und 4 bestimmen die akzidentellen Würden.

Die Planetenphasen in Bezug auf die Sonne

Hierbei unterscheidet man zwischen dem Lauf der *Innenplaneten Merkur und Venus* (schneller als die Sonne) und dem Lauf der *Außenplaneten Mars, Jupiter und Saturn* (langsamer als die Sonne).

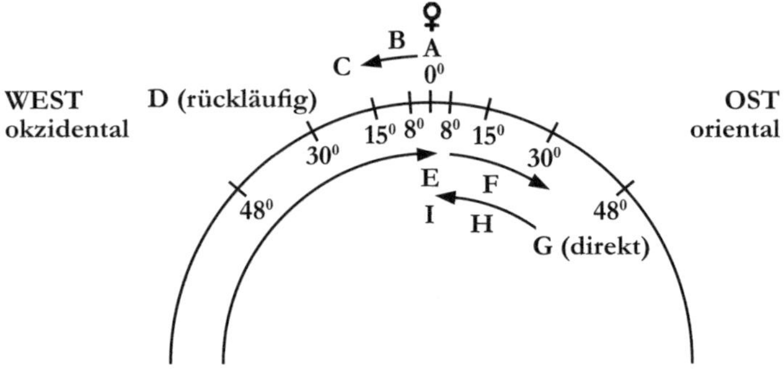

Abbildung 5: Die Phasen von Merkur und Venus

Die Phasen der Innenplaneten Merkur und Venus

Diese Planeten sind schneller als die Sonne. (Man denke sich bei der jetzt folgenden Beschreibung der Phasen die Sonne als stillstehend und die Planeten in Bewegung.)

A. 0°: **Obere Konjunktion** (Cazimi). Die Innenplaneten stehen *hinter* der Sonne.

B. 0° - ca.15°: Die Innenplaneten entfernen sich von der Sonne, sind *okzidental und noch schwach*, denn sie sind bis ca. 8 ½° Entfernung in der **Verbrennung** und bis ca. 15° Entfernung unter den *Strahlen der Sonne.*

C. Ab ca. 15°: **Heliakischer Aufgang.** Die Planeten kommen aus den Strahlen der Sonne zum Vorschein und sind *okzidental* und *stark*. Nach einiger Zeit erreichen sie ihre maximale Elongation (Entfernung) von der Sonne (Merkur mit ca. 28°, Venus mit ca. 46°) und werden allmählich langsamer, sodass die Entfernung von der Sonne wieder kleiner wird.

D. Erste Station (Merkur ca. 16° von der Sonne entfernt, Venus ca. 30°): Die Innenplaneten sind immer langsamer geworden, werden jetzt **rückläufig** und setzen ihre Rückkehr zur Sonne fort. Sie sind jetzt *okzidental und schwach.* Sie kommen zuerst unter die Strahlen der Sonne und gehen schließlich in die **Verbrennung**.

E. 0°: **Untere Konjunktion** (Cazimi). Merkur und Venus bilden in ihrer **Rückläufigkeit** die untere Konjunktion mit der Sonne (*vor* der Sonne, was unter günstigen Bedingungen von der Erde aus sichtbar ist).

F. Die Planeten entfernen sich jetzt in ihrer **Rückläufigkeit** wieder von der Sonne, sind zuerst **verbrannt** und kommen dann unter die Strahlen der Sonne. Sie sind *oriental und schwach.*

G. Zweite Station (Merkur ca. 17°, Venus ca. 30° von der Sonne entfernt). Die Innenplaneten werden wieder *direktläufig* und sind *oriental* und *stark*. Nachdem sie ihre größte Elongation erreicht haben, werde sie allmählich wieder langsamer und nähern sich der Sonne.

H. ca. 15° - 0°: Die Innenplaneten sind *oriental* und *schwach*, denn sie kommen unter die *Strahlen* der Sonne (heliakischer Untergang) und werden schließlich **verbrannt**.

I. 0° **Obere Konjunktion** (Cazimi). Der neue Zyklus fängt an.

- Ein Sonne/Merkur-Zyklus dauert etwa 3½ Monate.
- Ein Sonne/Venus-Zyklus dauert etwa 1½ Jahre.

Die Phasen der Außenplaneten Mars, Jupiter, Saturn

Diese Planeten sind langsamer als die Sonne. (Man denke sich bei der jetzt folgenden Beschreibung der Phasen diese Planeten als stillstehend und die Sonne in Bewegung.)

A. 0°: **Konjunktion** (Cazimi).

B. 0 – ca.15° Abstand: Die Sonne ist schneller als die Außenplaneten und entfernt sich von ihnen. Die Außenplaneten sind jetzt *oriental und schwach,* denn sie sind bis ca. 8½° in der **Verbrennung** und dann unter den *Strahlen* der (sich entfernenden) Sonne.

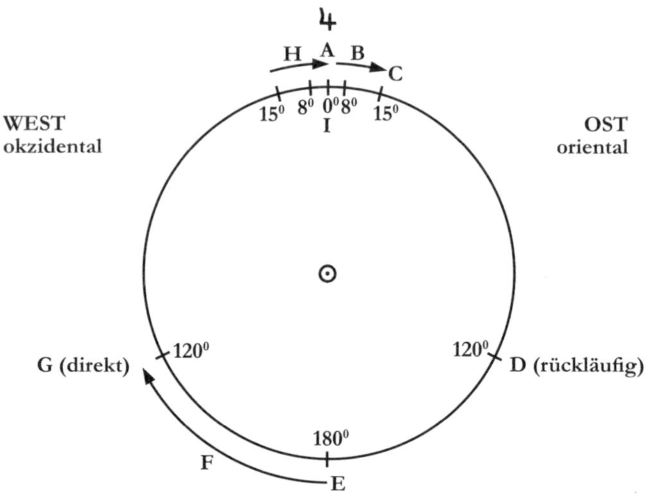

Abbildung 6: Die Phasen von Mars, Jupiter und Saturn

C. Ab ca. 15° Abstand: **Heliakischer Aufgang**. Die Außenplaneten kommen aus den Strahlen der Sonne zum Vorschein und sind *oriental und stark*. Ab 60° Entfernung von der Sonne werden sie allmählich *langsamer und schwächer*, weil sie sich ihrer Rückläufigkeit nähern.

D. Erste Station (auf ca. 120° Entfernung von der Sonne). Die Außenplaneten werden **rückläufig** und sind schwach und *oriental.*

E. 180° Abstand: **Opposition**. Die Sonne kehrt jetzt wieder zu den Außenplaneten zurück.

F. 180° - ca. 240° Abstand**:** Die Außenplaneten bleiben **rückläufig** und sind *okzidental und schwach.*

G. Zweite Station (auf ca. 240°): Die Außenplaneten werden wieder *direktläufig*, sind *okzidental* und *stark*.

H. 300° - 360° (= 0°) Abstand: Die Außenplaneten bleiben direktläufig, sind *okzidental*, werden allmählich *schwächer*, denn sie kommen wieder unter die *Strahlen der Sonne* (heliakischer Untergang) und werden schließlich **verbrannt**.

I. 0°: **Konjunktion** (Cazimi). Der neue Zyklus fängt an.

- Ein Sonne/Mars-Zyklus dauert etwa 26 Monate.
- Ein Sonne/Jupiter-Zyklus dauert etwa 13 Monate.
- Ein Sonne/Saturn-Zyklus dauert etwa 12 Monate und zwei Wochen.

Ich empfehle meinen Lesern, solche Zyklen selbst einmal mit Hilfe des Computers oder der Ephemeriden zu verfolgen. Die Genauigkeit, mit der diese Zyklen ablaufen, ist beeindruckend.

Die „Freuden" der Planeten

Bekanntlich haben in der Tradition die *Würden* der Planeten eine große Bedeutung. Werden diese Würden (*Domizil* und *Exil, Erhöhung* und *Fall* usw.) nicht berücksichtigt, ist es traditionell gesehen schlicht unmöglich, Horoskope angemessen zu deuten. Aber die Würden beziehen sich auf die Position der Planeten in den *Tierkreiszeichen*. Viel weniger bekannt ist, dass Sonne, Mond und die fünf antiken Planeten auch in bestimmten *Häusern* eine Art Würde haben, die man die *Freuden* der Planeten nennt. Die Abbildung zeigt, um welche Häuser es geht.

Die beiden Lichter *Sonne* und *Mond* haben ihre Freude in oppositionellen Häusern: Sonne im 9. und Mond im 3. Haus. Das gleiche gilt für die beiden klassischen Wohltäter *Venus* und *Jupiter*: Venus hat ihre Freude im 5. und Jupiter im 11. Haus. So sind ebenfalls die Häuser, in denen die beiden klassischen Übeltäter *Mars* und *Saturn* in ihrer Freude stehen, in Opposition: Mars hat seine Freude im 6. und Saturn im 12. Haus. *Merkur* erlebt seine Freude im ersten Haus. Mehr zu den Begriffen Wohltäter und Übeltäter finden Sie in Kapitel 3.

Diese Systematik in der Zuordnung der „Freuden" zeigt sich auch noch auf eine andere Weise: Die drei *Tagplaneten* Sonne, Jupiter und Saturn haben ihre Freude *über* dem Horizont, in *Tag-*

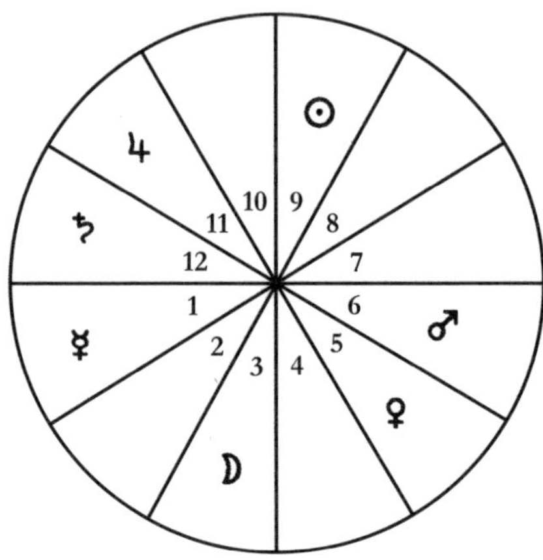

Abbildung 7: Die Freude der Planeten

häusern. Die drei *Nachtplaneten* Mond, Venus und Mars freuen sich *unter* dem Horizont, in *Nachthäusern.* Und der anpassungsfähige Merkur hat seine Freude in einem Haus auf der Grenze zwischen Tag und Nacht.

Wenn ein Planet in seiner Freude steht, fühlt er sich in diesem Haus stark und kann seinen Aufgaben gerecht werden.

Die **Sonne** hat ihre Freude im 9. Haus, weil sie dort ihre größte Wärme und hellstes Licht ausstrahlt. Denn die Sonne steht in einem Horoskop im 9. Haus, kurz nachdem sie mittags am MC ihren höchsten Punkt erreicht hat. Sie kann an dieser Stelle „mit Freude" ihren Aufgaben gerecht werden.

Der **Mond** hat im 3. Haus seine Freude, weil er sich als schnellster Himmelskörper im Haus der Bewegung und der Reisen zu Hause fühlt.

Dass **Venus**, der Planet der Liebe und des schönen und angenehmen Lebens, ihre Freude im 5. Haus hat, kann nur selbstverständlich sein, denn dieses Haus ist genau für diese Themen im Leben zuständig.

Jupiter, der große Wohltäter, der Planet des optimistischen Wachstums, hat logischerweise seine Freude im 11. Haus, das traditionell als eines der besten Häuser betrachtet wird und oft „das große Glück" genannt wurde.

Dass **Mars** und **Saturn** sich in Häusern mit einem schlechten Ruf (6 und 12) freuen, ist ebenfalls vorstellbar, denn die beiden sind die klassischen „Übeltäter". Das hat zur Auffassung geführt, dass diese Planeten in diesen Häusern noch böser sind als sonst. Meine Erfahrung ist aber, dass Mars und Saturn im Haus ihrer Freude zwar streng und auch unangenehm sein können, aber sich *gerecht* verhalten.

Warum hat **Merkur** seine Freude im 1. Haus? Wie wir schon gesehen haben, repräsentiert traditionell nicht das ganze Horoskop, sondern nur das 1. Haus den Geborenen! So ist das 2. Haus nicht der Geborene selbst, sondern sein Hab und Gut, wie beispielsweise auch das 10. Haus nicht den Geborenen selbst, sondern sein Wirken in der Welt usw. repräsentiert. Weil der Geborene als Mensch ein *denkendes* Wesen ist, hat der Denkplanet Merkur seine Freude im 1. Haus. Zudem ist das 1. Haus mit Recht das Haus der Freude Merkurs, weil es sich an der Grenze zwischen Tag und Nacht befindet und Merkur sowohl Tagplanet (oriental) als Nachtplanet (okzidental) sein kann.

Wenn ein Planet nicht nur in einer seiner positiven Würden, zum Beispiel in seinem Domizil, sondern auch in seiner Freude steht, wirkt er außerordentlich positiv. Steht ein Planet aber in seinem Exil oder Fall und zur gleichen Zeit in seiner Freude, dann wird der Einfluss der negativen Würde merklich gemildert.

Fazit: Die „Freuden" der Planeten sind völlig zu Unrecht in Vergessenheit geraten und sollten auch in der modernen Astrologie wieder die ihnen gebührende Rolle spielen.

Fazit

Ein Planet kann sich optimal entfalten, wenn er

- *Gut steht (essentielle Würde hat):*
- in einer oder mehreren seiner essentiellen Würden: Domizil, Erhöhung, Triplizität, Grenzen, Dekanat (s. Kapitel 7).
- *Stark steht (akzidentielle Würde hat):*
- in seiner Sektion; in seiner Hemisphäre, in *Hayz* (s. Kapitel 6);
- in einem Eckhaus oder in Haus 11 oder 5 oder im Haus seiner *Freude* (s. oben);
- in einer starken Sonnenphase (s. oben);
- wenn er das/die Zeichen, das/die er beherrscht, „sieht" (s. Kapitel 5).
- *Hilfe bekommt:*
- gut aspektiert wird, insbesondere von den Wohltätern Venus und Jupiter;
- in gegenseitiger Rezeption steht (s. Kapitel 7);
- wenn sich sein Dispositor in gutem essentiellen und/oder akzidentellen Zustand befindet.

Ein Planet steht schlecht und/oder schwach:

- in Exil oder Fall oder peregrin (s. Kapitel 7);
- wenn er rückläufig ist („Gegenwind" und/oder eine rebellische Phase);
- verbrannt oder unter den Strahlen der Sonne (s. Kapitel 5);
- nicht in seiner Sektion; nicht in seiner Hemisphäre, *ex conditione* (s. Kapitel 6);
- in Haus 12, 8, 6 (s. Kapitel 4);
- aspektiert von den Übeltätern Mars, Saturn (Konjunktion, Quadrat, Opposition);
- wenn er mit dem/den Zeichen, das/die er beherrscht, in Aversion ist (s. Kapitel 5);

- wenn sich sein Dispositor in schlechtem essentiellen und/oder akzidentellen Zustand befindet.

Fragen und Aufgaben zu Kapitel 8

Untersuchen Sie die Planetenphasen im Horoskop von Hermann Hesse (Nr. 4). Achtung, hier ist große Genauigkeit gefragt!

1. In welcher Phase befindet sich Merkur?
2. Und Venus?
3. Und Mars?
4. Und Jupiter?
5. Und Saturn?
6. Suchen Sie in den Beispielhoroskopen 1 - 7 (GZH-Häuser) die Planeten, die *in ihren Freuden* stehen.

9. Almuten und Horoskopherrscher

Das Horoskop: eine Arena

Aus dem bisher Gesagten wird deutlich, dass Planeten gegeneinander um die Vorherrschaft kämpfen: Wer darf letztendlich auf das Siegespodest? Deshalb fängt ein traditioneller Astrologe immer damit an, im Radix die essentiellen und akzidentellen Würden aller Planeten mitsamt ihren Aspekten gründlich zu untersuchen. Dann berechnet er den Almuten und bestimmt anschließend den Horoskopherrscher, die zwei Planeten, die im Leben die Fäden in der Hand halten.

Almuten

Der stärkste Planet im Horoskop wurde in der traditionellen Astrologie *Almuten* (= der Siegreiche) genannt. Für die Bestimmung dieses Almutens oder Geburtsgebieters gibt es verschiedene Methoden, die manchmal ziemlich kompliziert sind. Eine der gängigsten Methoden war die folgende: Es gibt laut der Tradition im Horoskop fünf *Hylegs* oder „Lebensspender“: *Sonne, Mond, Aszendent, Glückspunkt und der letzte Neumond oder Vollmond vor der Geburt (pränatales Syzygium)*. Der Almuten ist nach dieser Methode der Planet, der an den Graden, wo diese Hylegs sich befinden, die stärksten essentiellen Würden besitzt. Das Problem dabei ist aber, dass man, wenn der Almuten selbst nicht gut und stark steht, gezwungen wird, noch nach einem anderen Planeten zu suchen, der dem Almuten zur Seite stehen kann. Dieser Planet ist der Horoskopherrscher. Er wird später in diesem Kapitel behandelt.

Wie bestimmt man den Almuten?

Wir berechnen den Almuten im Beispielhoroskop des berühmten und im Ausland am meisten gelesenen deutschen Autors Hermann Hesse (Horoskop Nr. 4).

Die fünf Hylegs (Lebensspender) im Horoskop sind: *Sonne* auf 10° Krebs, *Mond* auf 28° Fische, *Aszendent* auf 20° Schütze, *Glückspunkt* auf 7° Jungfrau, *pränatales Syzygium* auf 4° Steinbock. Bei Hesse war dieses Syzygium der Vollmond, der am 25.6.1877, einer Woche vor seiner Geburt, stattfand. Für den Glückspunkt nehmen wir die Tagesformel, weil es um ein Taghoroskop geht. Für die Berechnung des Glückspunktes s. Kapitel 11. Die Berechnung wird in einer Tabelle ausgeführt:

	Sonne	**Mond**	**Aszendent**	**Glückspunkt**	**Pränatales Syzgium**	**total**
	10⁰ Krebs	**28⁰ Fische**	**20⁰ Schütze**	**7⁰ Jungfrau**	**4⁰ Steinbock**	
Sonne			2	1		3
Mond	5			1	1	7
Merkur	1		2	5 + 4	2	14
Venus	2	4		2 + 2	2	12
Mars	3	3 + 1			4	11
Jupiter	4	5	5 + 1		1	16!
Saturn		2	1		5	8

Abbildung 8: Almuten Tabelle Hermann Hesse

1. Notieren Sie in der Tabelle unter jedem der fünf Hylegs seine Gradposition (ohne Bogenminuten, nur den ganzen Grad!).
2. Zuerst bearbeiten wir die vertikalen Spalten: Notieren Sie für

jeden Planeten im Horoskop, welche Würden er auf den Graden der fünf Hylegs hat.

- Geben Sie dem Planeten, der in diesem **Zeichen** Domizil hat, 5 Punkte.
- Geben Sie dem Planeten, der in diesem **Zeichen** Erhöhung hat, 4 Punkte. Wenn es keinen Erhöhungsherrscher für dieses Zeichen gibt, werden diese 4 Punkte nicht vergeben.
- Wenn es um ein Taghoroskop geht: Geben Sie dem Planeten, der am Tag in diesem **Zeichen** Triplizität hat, 2 Punkte, und dem Planeten, der Triplizität in der Nacht hat, 1 Punkt.
- Wenn es um ein Nachthoroskop geht, machen Sie es genau umgekehrt!
- Wenn der Grad des Hyleg sich im Element Wasser befindet, erhält Mars als einziger Triplizitätsherrscher immer 3 Punkte.
- Geben Sie dem Planeten, der am **Grad** des Hylegs in seinen Grenzen steht, 2 Punkte.
- Geben Sie dem Planeten, der am **Grad** des Hylegs in seinem Dekanat (Gesicht) steht, 1 Punkt.

Achtung: Wenn es einen Erhöhungsherrscher gibt, sind in jeder Spalte insgesamt **15** Punkte zu verteilen; wenn es keinen Erhöhungsherrscher gibt, sind **11** Punkte zu verteilen!

Beispiel Hyleg Sonne auf 10° Krebs (1. vertikale Spalte)

- Im Krebs hat der Mond Domizil; er bekommt 5 Punkte.
- Im Krebs ist Jupiter erhöht; er bekommt 4 Punkte.
- Im Krebs ist Mars der einzige Triplizitätsherrscher; er bekommt 3 Punkte.
- Auf 10° Krebs ist Venus in ihren Grenzen; sie bekommt 2 Punkte.
- Auf 10° Krebs ist Merkur in seinem Dekanat; er bekommt 1 Punkt.
- Auf 10° Krebs haben Sonne und Saturn keine Würden, sie bekommen keine Punkte.

Insgesamt haben wir 15 Punkte verteilt.

Beispiel Hyleg Aszendent auf 20° Schütze (3. vertikale Spalte)

- Im Schützen hat Jupiter Domizil; er bekommt 5 Punkte.
- Schütze hat keinen Erhöhungsherrscher; die 4 Punkte werden nicht zugeteilt.
- Für Schütze (Feuer) gibt es zwei Triplizitätsherrscher: Sonne (Tagherrscher) und Jupiter (Nachtherrscher). Sonne bekommt 2 Punkte (weil Taghoroskop), Jupiter 1 Punkt.
- Auf 20° Schütze steht Merkur in seinen Grenzen; er bekommt 2 Punkte.
- Auf 20° Schütze steht Saturn in seinem Dekanat; er bekommt 1 Punkt.
- Auf 20° Schütze haben Mond, Venus und Mars keine Würden; sie bekommen keine Punkte.

Insgesamt haben wir 11 Punkte verteilt; die 4 Erhöhungspunkte konnten nicht zugeteilt werden, weil Schütze keinen Erhöhungsherrscher hat.

3. Addieren Sie *horizontal* die Punkte, die jeder Planet gesammelt hat. Der Gewinner ist der Almuten! In Hesses Horoskop ist das Jupiter mit 16 Punkten.

Sie werden feststellen, dass die Berechnung des Almutens mit der Hand zeitaufwendig und anfällig für Fehler ist. Deshalb verweise ich auf das PC-Horoskopprogramm *Astroplus,* das diese Berechnung schnell und fehlerfrei ausführt. Sie gehen in der Menüleiste unter *Berechnungen* auf *Klassische Berechnungen.* Achten Sie darauf, dass Sie das Programm auf *ägyptische* Dekanate und *ägyptische* Termini (Grenzen) und für den Glückspunkt auf die Tag/Nacht-Formel einstellen.

Die Bedeutung des Almutens

Der Almuten wurde oft der König („Rex“) genannt, weil er im Leben die Richtlinien bestimmt.

Auf Hesses Lebenlauf und Werk zurückblickend, stellen wir fest, dass Jupiter als Almuten sehr gut zu ihm passt. Es ging in seinem Leben um spirituelle Entwicklung, um geistige Horizonterweiterung (Jupiter). Viele seiner Werke (ich denke beispielsweise an seinen bekannten Roman *Narziß und Goldmund*) haben einen ausgesprochen spirituellen, esoterischen Charakter. Zwar steht Jupiter in Hesses Horoskop ziemlich gut: in seinem Domizil, im 1. Haus; aber er ist rückläufig und das schwächt einen Planeten sehr!

Wenn der Almuten selbst schwach gestellt ist (in einer negativen Würde, rückläufig, verbrannt usw.), braucht er einen Soldaten („Miles“), der die Richtlinien verwirklichen kann. Dieser Soldat ist der Horoskopherrscher.

Horoskopherrscher

Der Horoskopherrscher ist der Planet, der, unabhängig von seinen Würden an den Hyleggraden, einfach der stärkste im Horoskop ist. Das heißt, die meisten essentiellen und akzidentellen Würden besitzt, nicht rückläufig oder verbrannt ist oder in einem schlechten Haus steht usw. Selbstverständlich kann traditionell nur ein antiker Planet der Horoskopherrscher sein! Uranus, Neptun oder Pluto kommen nicht infrage. Im Gegensatz zur mathematischen Berechnung des Almutens ist zur Bestimmung des Horoskopherrschers neben Ihrer Fachkenntnis der Würden auch Ihre Intuition gefragt.

Methode zur Bestimmung des Horoskopherrschers

Nach gründlicher Analyse der essentiellen und akzidentellen Würden aller antiken Planeten bestimmt man den Horoskopherrscher folgendermaßen:

1. Zuerst kommt der (traditionelle) Aszendentherrscher in Betracht, es sei denn, ein anderer Planet ist ihm deutlich überlegen.
2. Wenn der AC-Herrscher sich für die Führerschaft nicht eignet, sind der Reihenfolge nach die folgenden Planeten aussichtsreiche Kandidaten:

   a) (falls vorhanden) ein Planet im 1. Haus,
   b) (falls vorhanden) der Erhöhungsherrscher des Aszendenten,
   c) einer der Triplizitätsherrscher des Aszendenten,
   d) der Dispositor des AC-Herrschers,
   e) der Dispositor von Sonne oder Mond,
   f) der MC-Herrscher,
   g) einer der Planeten, die noch nicht untersucht wurden.

Jetzt suchen wir anhand dieser Methode **Hesses Horoskopherrscher**: Mit dem Aszendenten im Schütze ist Jupiter der Herrscher dieses Aszendenten. Jupiter ist auch Almuten und wir stellten schon fest, dass er trotz seiner Position in seinem Domizil und im 1. Haus wegen seiner Rückläufigkeit nicht sehr stark steht und schon einen Soldaten braucht.

a) Im 1. Haus steht nur Jupiter.
b) Schütze hat keinen Erhöhungsherrscher.
c) Die Triplizitätsherrscher von Schütze sind Sonne (Tag) und Jupiter (Nacht). Die Sonne kommt als Horoskopherrscher kaum infrage: Sie steht im ungünstigen 8. Haus und ist in Krebs peregrin.
d) Jupiter in Schütze ist sein eigener Dispositor.
e) Der Dispositor der Sonne in Krebs ist der Mond, der in Fische peregrin ist, als Nachtplanet in einem Taghoroskop steht und aus diesen Gründen als Horoskopherrscher eher nicht infrage kommt. Der Dispositor des Mondes ist Jupiter, den wir schon ausgeschlossen haben.
f) Der Herrscher des MC in der Waage ist Venus, die im 8. Haus peregrin, und als Nachtplanet in einem Taghoroskop steht.
g) Untersucht haben wir noch nicht Mars, Saturn und Merkur.

Saturn kommt wegen seiner Rückläufigkeit nicht infrage, Mars steht in den Fischen in Triplizität und zudem in einem Eckhaus. Obwohl Nachtplanet in einem Taghoroskop, könnte er gegebenenfalls der Horoskopherrscher sein, wenn der letzte noch nicht untersuchte Planet kein besserer Kandidat wäre: Merkur! Er steht in seinem Domizil Zwillinge, akzidentell stark direkt an einer Achse (dem Deszendenten) und ist Tagplanet (oriental) in einem Taghoroskop. Er ist in *Hayz*! Es ist kein Zweifel möglich: Hier haben wir den Horoskopherrscher, den Soldaten gefunden!

In Hesses Leben bestimmte König Jupiter die Richtlinien: Sinnsuche, geistige Horizonterweiterung usw. Soldat Merkur half dabei, diese Richtlinien zu verwirklichen. Seine Waffe: die Schreibfeder!

Noch ein Beispiel: Elisabeth Kübler-Ross

Die Ärztin Elisabeth Kübler-Ross (Horoskop 5) wurde als Sterbebegleiterin weltberühmt. Sie hat ihr ganzes Leben gekämpft: zuerst gegen ihren Vater, der andere Pläne mit ihr hatte als sie selbst, später gegen sich quer legende Behörden und gegen ihre Nachbarn in Arizona, die ihr Haus, ihre Bücher, Dokumente usw. in Flammen aufgehen ließen, weil sie vorhatte, ein Hospiz für aidskranke Kinder zu eröffnen. Und schließlich kämpfte sie gegen sich selbst, als sie krank und halbseitig gelähmt den Tod herbeisehnte, der aber auf sich warten ließ.

Mars ist mit 21 Punkten der Almuten. Kein Wunder, wenn man Elisabeths Lebenslauf kennt! Jupiter besetzt mit 20 Punkten einen guten zweiten Platz. Singgebung war zweifellos für diese Frau sehr wichtig. Nur steht Jupiter ziemlich schwach, nämlich rückläufig im 12. Haus. Mars dagegen steht ziemlich gut, und zwar in seinem Domizil Widder, als Nachtplanet in einem Nachthoroskop, allerdings unter dem Horizont.

	Sonne	Mond	Aszendent	Glückspunkt	Pränatales Syzgium	total
	15°	**3°**	**11°**	**23°**	**3°**	
In →	**Krebs**	**Krebs**	**Fische**	**Fische**	**Steinbock**	
Sonne						0
Mond	5	5			2	12
Merkur	2 +1				2	5
Venus		1	4 + 2	4	1	12
Mars	3	3 +2	3	3 + 2 + 1	4	21
Jupiter	4	4	5 + 1	5	1	20
Saturn					5	5

Jetzt die Bestimmung des Horoskopherrschers:

1. Der AC-Herrscher Jupiter kommt als Horoskopherrscher nicht infrage; er steht peregrin im 12. Haus (Pech, Unglück, Verluste) und ist rückläufig.
2. a) Es steht kein klassischer Planet im 1. Haus.

   b) Der Erhöhungsherrscher des Aszendenten ist Venus. Venus steht stark in einem Eckhaus, als Nachtplanet in einem Nachthoroskop (obwohl nicht in ihrer Hemisphäre) und ist oriental und stark (Phase G). Aber sie hat keine einzige Würde, ist *peregrin.* Trotzdem ist Venus in diesem Horoskop eine starke Kraft! Sicherheitshalber suchen wir weiter.

   c) Mars ist der Triplizitätsherrscher des Elements Wasser. Mars steht zwar gut in seinem Domizil Widder, aber im 2. Haus. Ist der König hier sein eigener Soldat? Man könnte sich einen besseren Kandidaten vorstellen.

   d) Der Dispositor des Aszendentenherrschers Jupiter ist Saturn, Herrscher von Wassermann. Dieser rückläufige, peregrine Planet, *ex conditione* (s. Kapitel 6), kommt als Horoskopherrscher nicht infrage.

   e) Der Dispositor der Sonne ist der **Mond**, und dieser steht in seinem Domizil im 5. Haus. Das ist zwar kein Eckhaus, aber Haus 5 wird traditionell immer als äußerst günstig bewertet.

Auch ist er Nachtplanet in einem Nachthoroskop und damit das wichtigste Horoskop-Licht. Damit haben wir den Horoskopherrscher wahrscheinlich gefunden. Zwar befindet er sich schon unter den Strahlen der Sonne, aber weil er die Sonne in seinem eigenen Domizil Krebs (bei sich zu Hause) empfängt, bedeutet das hier keine Schwächung. Sicherheitshalber schauen wir uns auch die anderen Planeten noch an:

f) Der MC-Herrscher ist Jupiter, der nicht infrage kommt, wie wir schon gesehen haben.

g) Der einzige Planet, den wir noch nicht geprüft haben, ist Merkur, der peregrin ist und im eher ungünstigen Haus 6 steht.

Elisabeths Kampfgeist wird vor allem vom Almuten Mars in Widder angezeigt. Dass der Mars kämpfen wollte, zeigt sein gradgenaues Quadrat zur Sonne: Diese mutige Frau siegte über ihren Vater und alle anderen, die ihr in den Weg traten. Mit ihrer Sonne/Pluto-Konjunktion hat sie das Tabu des Sterbens durchbrochen.

Aber alle diese Kriege, die sie führen musste, waren schließlich Nebensache. Was sie in ihrem Leben verwirklichen wollte, war die Sterbebegleitung selbst, und die ist keine Marsgeschichte! Dafür sind die weibliche Venus im 4. Haus („das Ende der Dinge, das Grab"), zudem Herrscher des 8. Hauses (Tod!), und der einfühlsame Soldat Mond zuständig. Der Mond regiert die Naturkräfte, das Entstehen und Vergehen, Leben und Tod. Er ist der große Transformator der höheren Kräfte.

Fazit

Wir stellen fest, wie uns die traditionelle Deutungstechnik hier mit Almuten und Horoskopherrscher Instrumente in die Hand gibt, mit denen wir schnell den roten Faden in einem Horoskop finden können. - Auch der Unterschied zwischen Tag- und Nachtplaneten (Kapitel 6) war bereits ein solches Instrument.

Fragen und Aufgaben zu Kapitel 9

1. Bestimmen Sie den Almuten in den folgenden Beispielhoroskopen (Sicherheitshalber gebe ich für jedes Horoskop den Grad des Glückpunktes und den des Syzygiums an):
   a) Nr. 1b (Reykjavík-Bub), Glückspunkt 25° Jungfrau, Syzygium 2° Stier.
   b) Nr. 2b (Obama), Glückspunkt 27° Widder, Syzygium 4° Wassermann.
   c) Nr. 3 (Luther), Glückspunkt 13° Widder, Syzygium 16° Skorpion.
   d) Nr. 6 (Benedikt XVI), Glückspunkt 0° Waage, Syzygium 11° Widder).
   e) Nr. 7 (Diana), Glückspunkt 3° Löwe, Syzygium 6° Steinbock.
   Nehmen Sie gegebenenfalls die Berechnungen im PC-Programm *Astroplus* zur Hilfe.
2. Aus welchem Grund wird bei der Suche nach dem Horoskopherrscher denjenigen Planeten, die mit dem 1. Haus zu tun haben, Priorität verliehen?
3. Bestimmen Sie den Horoskopherrscher im Horoskop von Martin Luther (Nr. 3).
4. Bestimmen Sie den Horoskopherrscher in den Horoskopen von:
   a) Barack Obama (Horoskop 2b);
   b) Papst Benedikt XVI (Horoskop 6).
5. Inwieweit passen Ihres Erachtens die gefundenen Horoskopherrscher zu den Geborenen?

10. Temperament

Nachdem der traditionelle Astrologe alle Planeten im Horoskop gründlich analysiert und Almuten und Horoskopherrscher ermittelt hat, bestimmt er das Temperament des Geborenen. Das lateinische Wort *temperamentum* bedeutet etwa „Mischung", „das richtige Maß". In der traditionellen Astrologie ist das Temperament eine Mischung aus zwei der vier verschiedenen Urqualitäten *Wärme, Trockenheit, Kälte* und *Feuchtigkeit.*

Es werden vier Temperamente unterschieden:
Das cholerische Temperament (warm und trocken, analog Feuer). Tatmenschen, Herrscher, Angreifer; despotisch, leidenschaftlich und zornig, großzügig und übermütig.
Das sanguinische Temperament (warm und feucht, analog Luft). Kontaktfreudige Menschen, Brückenschläger; vermittelnd, freundlich, geistig interessiert, zerstreut und Zerstreuung suchend, zur Oberflächlichkeit neigend.
Das melancholische Temperament (kalt und trocken, analog Erde). Standhafte Menschen; zurückhaltend, geschlossen, langsam, zum Pessimismus und zur Depressivität neigend. Scharfes und objektives Wahrnehmungsvermögen.
Das phlegmatische Temperament (kalt und feucht, analog Wasser). Gefühlsmenschen mit großer Aufnahmefähigkeit; still, eher passiv, beeinflussbar, oft unkonventionell und reich an Phantasie.

Das Temperament ist einer der wichtigsten Baustoffe des Horoskops. So werden Planeten und ihre Aspekte vor dem Hintergrund des Temperaments gedeutet. Ein prominenter Mars wirkt sich zum

Beispiel in Kombination mit einem cholerischen Temperament anders aus als bei einem sanguinischen Temperament. Ein cholerischer Mensch wird seinen Mars vor allem durch Tatkraft und Handlungsfreude zeigen, bei einem sanguinischen Menschen äußert sich Mars eher verbal; er spricht energisch, hat vielleicht einer scharfen Zunge usw.

Übrigens vertritt fast kein Mensch ausschließlich nur eines der oben genannten Temperamente; fast immer gibt es noch eine zusätzliche Temperamentsfärbung, die wichtig ist. So sind manche Geborenen zum Beispiel vor allem cholerisch mit einer sanguinischen Beimischung oder sie sind phlegmatisch mit einem melancholischen Touch usw.

Die Methode zur Bestimmung des Temperaments

Zur Bestimmung des Temperaments muss man die *Urqualitäten* der Planeten und Tierkreiszeichen kennen:

Warm und trocken – cholerisch: Sonne und Mars und die Feuerzeichen Widder, Löwe und Schütze.
Warm und feucht – sanguinisch: Jupiter und die Luftzeichen Zwillinge, Waage und Wassermann.
Kalt und trocken – melancholisch: Merkur und Saturn und die Erdzeichen Stier, Jungfrau und Steinbock.
Kalt und feucht – phlegmatisch: Mond und Venus und die Wasserzeichen Krebs, Skorpion und Fische.

Die Urqualitäten

Übrigens gibt es (so wie bei der Bestimmung des Almutens und des Horoskopherrschers) verschiedene Methoden für die Temperamentsbestimmung, die oft sehr kompliziert sind. Die Methode, die ich hier vorstelle, ist relativ einfach und hat sich in meiner Praxis bewährt.

Bestimmung des Temperaments

Bestimmen Sie die Urqualitäten der folgenden Horoskopfaktoren:

1. AC-Zeichen
2. AC-Herrscher (= Herrscher von 1 = H1)
3. Dispositor AC-Herrscher (Dieser Punkt fällt aus, wenn H1 im eigenen Zeichen steht.)
4. Zeichen, in dem der Mond steht
5. Dispositor Mond (Dieser Punkt fällt aus, wenn der Mond im eigenen Zeichen Krebs steht.)
6. Mondphase*
7. Jahreszeit Sonne**
8. Horoskopherrscher (Hh.)
9. Zeichen, in dem der Horoskopherrscher steht. (Dieser Punkt fällt aus, wenn der Hh. der Mond ist.)

* Erklärung Punkt 6: Mondphasen
Obwohl der Mond grundsätzlich kalt und feucht ist, geht er bei seinem Umlauf durch seine vier Hauptphasen, in denen er, ohne seine Urqualitäten zu verlieren, zusätzliche Qualitäten entwickelt.

- Mondphase 1:
  Der Mond steht im 1. Viertel, das *warm und feucht* ist.
- Mondphase 2:
  Der Mond steht im 2. Viertel, das *warm und trocken* ist.
- Mondphase 3:
  Der Mond steht im 3. Viertel, das *kalt und trocken* ist.
- Mondphase 4:
  Der Mond steht im 4. Viertel, das *kalt und feucht* ist.

Wie wir unter Punkt 7 sehen werden, korrespondieren diese Phasen mit Frühling, Sommer, Herbst und Winter. In den Mondphasen 1 und 2 ist der Mond zunehmend, in den Phasen 3 und 4 abnehmend.

** Erklärung Punkt 7: Jahreszeiten der Sonne
Obwohl die Sonne grundsätzlich warm und trocken ist, durchläuft sie in ihrem Jahresumlauf die vier Jahreszeiten, in denen sie, ohne ihre Urqualitäten zu verlieren, zusätzliche Qualitäten entwickelt.

- Sonne in den Frühlingszeichen Widder, Stier und Zwillinge: warm und feucht;
- Sonne in den Sommerzeichen Krebs, Löwe und Jungfrau: warm und trocken;
- Sonne in den Herbstzeichen Waage, Skorpion und Schütze: kalt und trocken;
- Sonne in den Winterzeichen Steinbock, Wassermann und Fische: kalt und feucht.

Ein Beispiel: Martin Luther

Als Beispiel nehmen wir wieder Martin Luther (Horoskop 3).

Temperament-Faktoren	**chol.**	**melan.**	**sang.**	**phlegm.**
1. AC-Zeichen = Löwe	x			
2. H1 = Sonne	x			
3. Dispositor H1 = Mars	x			
4. Mondzeichen = Widder	x			
5. Disp. Mond = Mars	x			
6. Mondphase 2	x			
7. Sonnenjahreszeit = Herbst		x		
8. Horoskopherrscher = Mars	x			
9. Zeichen des Hh. = Skorpion				x
Total	**7**	**1**	**0**	**1**

Luthers *cholerisches Temperament* verstärkt den heißen und trockenen Almuten *und* Horoskopherrscher Mars. Im Umgang war Luther kein einfacher Mensch. Viele, die mit ihm zu tun hatten, haben über seine cholerischen Ausbrüche berichtet.

Noch ein Beispiel: Elisabeth Kübler-Ross (Horoskop 5)

Temperament-Faktoren	chol.	melan.	sang.	phlegm.
1. AC-Zeichen = Fische				x
2. H1 = Jupiter			x	
3. Dispositor H1 = Saturn		x		
4. Mondzeichen = Krebs				x
5. Disp. Mond = fällt aus				
6. Mondphase 4				x
7. Sonnenjahreszeit = Sommer	x			
8. Horoskopherrscher = Mond				x
9. Zeichen des Hh. = fällt aus				
Total	**1**	**1**	**1**	**4**

Ihr *phlegmatisches Temperament* hat Kübler-Ross zweifellos bei der Bewältigung ihrer Lebensaufgabe, der Sterbehilfe, unterstützt.

Fragen und Aufgaben zu Kapitel 10

1. Bestimmen Sie das Temperament von Barack Obama (Horoskop 2b).
2. Bestimmen Sie das Temperament von Papst Benedikt (Horoskop 6).

11. Lospunkte und Fixsterne

Lospunkte

Warum Lospunkte?

In der Hellenistischen Astrologie sind die Lospunkte (oder sensitiven Punkte) eine nähere Beschreibung der Planetenthemen. Oft werden die Lospunkte „arabische Punkte" genannt - zu Unrecht, denn sie stammen schon aus viel älterer Zeit.

Ein Planet ist ein Symbol. „Symbol" bedeutet buchstäblich das „Zusammengeworfene" (griechisch *‚sým-bolon'*). Das meint, dass ein Planet viele Bedeutungen in sich versammelt, viele Themen vertritt. So steht Venus beispielsweise für Liebe, Ehe, Kunst, Süßigkeit, Zuckerkrankheit usw. Aus diesem Grund entwickelte sich bei der Radixdeutung das Bedürfnis nach einer Spezifikation dieser Venus-Bedeutungen, und so entstanden die Lospunkte, nicht nur für Venus, sondern für alle Planeten.

Berechnung der Lospunkte

Ein Lospunkt ist die Endsumme einer Formel, die aus drei Komponenten besteht, von denen die erste Komponente meistens der Aszendentengrad ist. Die zweite ist ein Planet, dessen Gradzahl zur Gradzahl des Aszendenten addiert wird, und die dritte ist ebenfalls ein Planet, dessen Gradzahl von der Summe der beiden ersten abgezogen wird. Die Endsumme ist die Gradzahl des Lospunktes. - Achtung: Ist die Endsumme größer als 360 Grad, zieht man 360 Grad ab. Zu einer Endsumme kleiner als 0 Grad werden 360 Grad addiert.

Wenn es um Lospunkte geht, die die Venusbedeutungen näher spezifizieren, ist Venus eine der Komponenten in der Formel. Zum Beispiel:

- Lospunkt Ehe bei Männern: *Aszendent + Venus - Saturn.*
- Lospunkt Ehe bei Frauen: *Aszendent + Saturn - Venus.*
- Lospunkt Kunst: *Aszendent + Venus - Merkur*
- Lospunkt Datteln (eine süße Venus-Frucht!): *Aszendent + Venus - Sonne*

Wichtig ist zu wissen, dass manche Lospunkte eine Tag- und eine Nachtformel haben, was heißt, dass sie in einem Taghoroskop anders berechnet werden als in einem Nachthoroskop. Der sogenannte Glückspunkt (s. unten) ist ein Beispiel dafür.

Zur Kontrolle: Wenn der Lospunkt richtig berechnet wird, ist der Abstand zwischen Aszendent und Lospunkt genau so groß wie der Abstand zwischen der dritten und der zweiten Komponente in der Formel. Oder: Die dritte Komponente der Formel wird zum AC geschoben, die zweite Komponente verschiebt sich mit. Der Lospunkt befindet sich am Ort des zweiten verschobenen Faktors.

Ein Beispiel: Im Horoskop eines Mannes steht der Aszendent auf 14° Schütze (= 254° ab 0° Widder), Venus auf 6° Krebs (= 96° ab 0° Widder) und Saturn auf 10° Zwillinge (= 70° ab 0° Widder). Jetzt wollen wir den Lospunkt für die Ehe dieses Mannes berechnen: 254° + 96° = 350° - 70° = 280° = *10° Steinbock* (Endsumme = Lospunkt). Kontrolle: Der Abstand zwischen Aszendent und Lospunkt beträgt 26°, genauso wie der Abstand zwischen der dritten Komponente Saturn und der zweite Komponente Venus! - Gute Software für Astrologie übernimmt die Berechnung der wichtigsten Lospunkte.

Regeln für die Deutung der Lospunkte

Die vom Lospunkt (LP) angezeigten Angelegenheiten gedeihen am besten unter den folgenden Bedingungen:

1. Der *LP-Herrscher* (= der Planet, in dessen Zeichen der LP steht) bildet einen Zeichenaspekt mit dem LP (kann den LP „sehen").
2. Der LP-Herrscher bildet einen Zeichenaspekt mit dem *Aszendenten,* d.h. er steht in einem Ganzzeichen-Eckhaus (1,4,7,10) in einem GZ-Trigonalhaus (5, 9) oder in einem GZ-Sextilhaus (3, 11).
3. Der LP-Herrscher hat *Würde.*
4. Der LP-Herrscher sowie der LP selbst werden von *Wohltätern* aspektiert und werden von *Übeltätern* nicht verletzt.
5. Besonders enge Aspekte zum LP zeigen wichtige Erfahrungen im Zusammenhang mit dieser Angelegenheit an.
6. Die Verteilung der Planeten in den *LP-Häusern* ist ein weiterer Indikator für die Stärke und Bedeutung dieses Themas. Insbesondere gilt das für Haus 10 des Pars Fortunae (PF). Beispiel: Wenn der Glückspunkt oder Pars Fortunae (PF) im 9. Haus des Radix steht, wird dieses Haus PF-Haus 1. Radixhaus 10 wird jetzt PF-Haus 2, Radix-Haus 11 wird PF-Haus 3 usw. Besondere Bedeutung bekommt PF-Haus 10 (in diesem Fall: Radixhaus 6). Das Zusammenwirken der Radix-Häuser und Fortuna-Häuser ist z.B. bei der Aphesis-Methode (s. Kapitel 15, Klassische Prognosemethoden) von grundlegender Bedeutung.

Pars Fortunae (PF) und Pars Daemon (PD)

Die beiden wichtigsten Lospunkte sind:

Pars Fortunae (PF) = Glückspunkt oder Lospunkt des Mondes
Formel Taghoroskop: AC + Mond - Sonne
Formel Nachthoroskop: AC + Sonne - Mond

Fortunae hat zu tun mit dem Los, das dir einfach zufällt, nicht als Folge bewusster Taten oder Handlungen, sondern einfach, weil du existierst (Mond). Das griechische Wort dafür ist *týchē*, der willkürliche Zufall (Los), der dich trifft (s. Kapitel 2).

Pars Daimon (PD) = Geistespunkt oder Lospunkt der Sonne
Formel Taghoroskop: AC + Sonne - Mond
Formel Nachthoroskop: AC + Mond - Sonne
Daimon hat zu tun mit Schicksalsereignissen, die deine bewussten Handlungen und Taten begleiten. Du selektierst (Sonne), und auf dieser Basis unternimmst du etwas. Das hat bestimmte Folgen, vorhersehbar oder auch nicht. Daimon ist Handlung. Das PD ist insbesondere wichtig für die kürzlich neu entdeckte hellenistische Prognosemethode der *Zodiakalen Aphesis* (s. Kapitel 15).

Weitere wichtige Lospunkte
LP Ehe*: AC + DC – Venus*
LP Ehe der Frau*: AC + Saturn – Venus*
LP Ehe des Mannes: *AC + Venus – Saturn*
LP Ruhm: *AC + Jupiter - Sonne*
LP Mut: *AC + Fortuna - Mars*
LP Berufung*: MC + Mond - Sonne*
LP Krankheit*: AC + Mars - Saturn*

Regelmäßig gibt es für das gleiche Thema mehrere Lospunkte, was zu einer Qual der Wahl führen könnte. Ein Beispiel:
Lospunkt Tod 1: AC + Spitze 8 - Mond.
Lospunkt Tod 2: Saturn + Spitze 8 - Mond.

Fixsterne

In der klassischen Astrologie finden die Konjunktionen, welche Planeten und Horoskopachsen mit bestimmten Fixsternen bilden, hohe Beachtung. Dabei akzeptiert man einen Orbis von 1 bis maximal 2 Grad. Andere Aspekte werden nicht berücksichtigt. Meistens geht es um Sterne mit einer großen Helligkeit, die sich auf der Ekliptik oder in ihrer Nähe befinden.

Die Helligkeit der Fixsterne wird in *Magnituden* gemessen: Je mehr die Helligkeit zunimmt, umso niedriger wird die Magnitudenzahl. Einige der hellsten Sterne haben sogar eine negative Zahl. So hat der hellste Stern an unserem Himmel, der „Hundsstern“ *Sirius* (Alpha Canis Majoris), die Magnitude - (minus) 1,5. Die Magnitude der Sterne, die man gerade noch mit bloßem Auge beobachten kann, ist etwa + 6. In den Sternbildern, die sich bekanntlich aus mehreren Fixsternen zusammensetzen, erhält der hellste Stern den Namen des ersten Buchstaben des griechischen Alphabets („Alpha“), der zweithellste den zweiten Buchstaben („Beta“), der dritthellste den dritten Buchstaben („Gamma“) usw.

Die Fixsterne sind übrigens nicht so fix wie ihr Name vermuten lässt: Sie bewegen sich mit etwa 50 Bogensekunden pro Jahr (etwa 1° alle 72 Jahre) vorwärts. Aus diesem Grund steht zum Beispiel Aldebaran, der Hauptstern im *Sternbild* Stier, jetzt im *Tierkreiszeichen* Zwillinge! Diese Vorwärtsbewegung ist eine optische Täuschung. Sie wird verursacht durch die Präzession der Erdachse.

In alten Zeiten bekamen viele Fixsterne ziemlich undifferenzierte Bedeutungen, die einem einen Schrecken einjagen können. Traditionelle Astrologen unserer Zeit gehen damit allerdings vorsichtig und nuanciert um.

Fixsterne können sehr wichtig sein in Mundanhoroskopen, aber spielen nicht selten auch eine Rolle in Geburts-, Stunden- und Elektionshoroskopen. Sie werden insbesondere wichtig, wenn sie eine doppelte Konjunktion bilden mit sowohl einem Planeten als auch einer Achse. Fixsterne können die Horoskopdeutung nicht wesentlich ändern; vielmehr verstärken oder schwächen sie Tendenzen, die im Horoskop schon existieren.

In der modernen Astrologie werden die Fixsterne meistens vernachlässigt. Als Angela Merkel Deutschlands Kanzlerin wurde, taten die modernen Astrologen sich schwer, Merkels Erfolg zu erklären. Neptun an ihrem MC konnte dafür der Grund nicht sein. Dagegen stellte jeder traditionelle Astrologe sofort fest, dass Merkel sich über einen der günstigsten Fixsterne des ganzen Himmels freuen darf: *Spica,* der hellste Stern im Sternbild Jungfrau, der schon seit Jahrtausenden eine steile Karriere verspricht, steht (zusammen mit Neptun) an ihrem MC auf 23° Waage.

Ein Blick auf den Nachthimmel genügt: Fixsterne gibt es unendlich viele. Nur ein Bruchteil davon wurde im Laufe der Jahrtausende astrologisch untersucht. Der erste, der sich systematisch mit den Fixsternen befasste, war Ptolemäus, der in seinem astronomischen Werk *Almagest* gut 1000 Fixsterne auflistet. In unserer Zeit führt *Astrowiki* eine Liste von 260 Fixsternen an. Im Rahmen dieses Buches kann ich nur eine beschränkte Liste geben:

Algol, auf 26° Stier. Er gehört zum Sternbild *Perseus* (Beta Persei) und wird allgemein als einer der mächtigsten Sterne am Himmel betrachtet. Er wird mit Zorn, Gewalt und Körperverletzung in Verbindung gebracht und auch mit starker sexueller Energie.

Aldebaran, auf 10° Zwillinge; Hauptstern im Sternbild Stier (Alpha Tauri), einer der vier königlichen Sterne, bringt Erfolg durch Arbeit und Integrität, ebenso durch Heldentaten, (militärische) Führerschaft, was zu Feindschaft führen kann. Er bildet eine dauerhafte Opposition zu *Antares* auf 10° Schütze.

Rigel, auf 17° Zwillinge, Orions rechter Fuss (Beta Orionis), ehrgeizig, bringt Reichtum und Ehre. Auch *Beteigeuze* (Alpha Orionis, auf 29° Zwillinge) und *Bellatrix* (Gamma Orionis, auf 21° Zwillinge) haben ähnlich positive Bedeutungen.

Regulus, auf 0° Jungfrau. Er ist der „Königsstern“ im Sternbild *Löwe* (Alpha Leonis) und soll insbesondere sozialen Aufstieg bewirken. Hundertprozentig günstig scheint Regulus übrigens nicht zu sein, weil er auch Hochmut vor dem Fall bewirken kann. Regulus steht erst seit kurzer Zeit (Mai 2012) in Jungfrau. Es ist interessant, im Laufe der Zeit zu untersuchen, ob seine Bedeutung sich unter Einfluss von Jungfrau teilweise ändert.

Spica, auf 23° Waage, ist der Hauptstern im Sternbild *Jungfrau* (Alpha Virginis). Er soll der günstigste Stern am Himmel sein und Erfolg und Reichtum bewirken.

Antares, auf 10° Schütze. Einer der 4 Königssterne, Hauptstern im Sternbild *Skorpion* (Alpha Scorpionis), verbindet sich mit Gewalt und sozialem Abstieg. Aufsteigend oder kulminierend bringt er Glück, das aber unbeständig ist.

Wega, auf 15° Steinbock, einer der hellsten Sterne am Himmel, Haupstern im Sternbild *Leier* (Alpha Lyrae), wäre u.a. günstig für eine politische Karriere und eine künstlerische Veranlagung.

Fomalhaut, auf 4° Fische (Alpha Piscis Austrini), einer der vier Köngssterne, bringt Glück, wenn er aufsteigt oder kulminiert und wird mit Magie, Alchemie und Okkultismus in Verbindung gebracht. Günstig für Karriere, aber mit saturnischer Nebenwirkung. Ideale und Träume.

Scheat, auf 29° Fische. Er gehört zum Sternbild *Pegasus* (Beta Pegasi) und warnt vor Unfällen; er wird aber auch mit Intellekt in Verbindung gebracht.

Parane

Ein **Paran** (abgeleitet von *paranatéllonta ástra*, was „nebeneinander aufgehende Sterne“ bedeutet), ist eine Beziehung zwischen zwei Himmelskörpern, die dadurch zustande kommt, dass die beiden Gestirne sich zur gleichen Zeit entweder am Horizont oder am Meridian befinden. Parane sind mit Aspekten vergleichbar. Steht die Sonne am Aszendenten und Jupiter gleichzeitig am Medium Coeli, so befinden sie sich miteinander im Paran und wirken kombiniert auf den Horoskopeigner ein. Das Gleiche gilt für die Kombination eines Planeten mit einem Fixstern oder für zwei Fixsterne. Obwohl schon viel älter, ist die Methode derzeit sehr in der Mode durch die Arbeit von Bernadette Brady, die bis jetzt 64 Fixsterne in Kombination mit allen Planeten untersucht hat.[20]

Die Methode ist mit Sicherheit interessant und verdient es, neben den klassischen Vorgehensweisen studiert zu werden. Sie soll allerdings nicht überbewertet, sondern als eine Ergänzung zur bewährten klassischen Technik betrachtet werden. Mit Recht hat Diana K. Rosenberg Brady's Methode in einigen wichtigen Punkten kritisiert [21]

Fragen und Aufgaben zu Kapitel 11

1. Berechnen Sie den Lospunkt „Ehe der Frau" im Horoskop von Prinzessin Diana (Nr. 7).
2. Welcher Fixstern könnte im Horoskop von Hesse (Nr. 4) zu seinem weltweiten Ruhm beigetragen haben?

[20] Bernadette Brady, *Brady's Book of Fixed Stars*. Maine 1998.
[21] http://edithhathaway.com/pdf/DianaKRosenbergInterview.pdf, Zugriff: 3. Januar 2014

12. Radix-Analyse Schritt für Schritt

Jetzt sind wir so weit, dass wir eine ordentliche klassische Analyse einer Radixhoroskopes vornehmen können. Aber Achtung! Eine Analyse ist noch keine Deutung! Die Deutung kann nur erfolgen, wenn die Analyse unter Dach und Fach ist. Zur Analyse liegt ein Radixhoroskop mit *Ganzzeichenhäusern* vor Ihnen. Jetzt gehen Sie Schritt für Schritt folgendermaßen vor:

A. Tageshoroskop oder **Nachthoroskop?** (s. Kapitel 6)

B. Bestimmen Sie für Sonne, Mond und die fünf klassischen Planeten:

1. Die positiven und negativen essentiellen Würden (die Qualität) (s. Kapitel 7)

- Domizil /Exil
- Erhöhung / Fall
- Triplizität
- Grenzen
- Dekanat
- Peregrinität

2. Die akzidentellen Würden (die Wirkungskraft) (s. Kapitel 8)

- Steht der Planet in seiner *Sektion*?
- In seiner *Hemisphäre*?
- In *hayz* oder *ex conditione*?
- Häuserposition: positiv: 1, 4, 7, 10, 5, 11, im Haus der Freude; negativ: 6, 8, 12; neutral: 2, 3, 9
- Bewegung: direkt oder **rückläufig**?

- Position zur Sonne: in Cazimi, **verbrannt**, unter den Strahlen der Sonne, in Opposition (= rückläufig)?
- Sonnenphase: oriental/okzidental; stark/schwach?
- Mond: zunehmend oder abnehmend? In welcher der 4 Phasen?

3. Aspekte und andere Verbindungen (Kapitel 5)

- Aspekte mit dem/den eigenen Zeichen: Können die Hausherrscher ihre Zeichen (= Häuser) „sehen"? Wenn nicht (Aversion), dann suchen Sie einen „Zeugen" = einen Planeten, der sowohl den Hausherrscher als auch dessen Haus sehen und der gegebenenfalls die Aufgaben des Herrschers übernehmen kann.
- Aspekte zu anderen Planeten: zu den Wohltätern und/oder den Übeltätern?
- Aspekte zu den verschiedenen Häusern
- Gegenseitige Rezeptionen?
- Antiszien?

C. Bestimmen Sie den Almuten (s. Kapitel 9). Benutzen Sie für den Almuten folgende Tabelle. Bewertung: Domizil: 5 Punkte; Erhöhung: 4; Triplizität: 3; Grenzen: 2; Dekanat: 1 Punkt

In:	**Sonne**	**Mond**	**AC**	**Glückspunkt**	**pränatales Syzygium**	**Total**
Sonne						
Mond						
Merkur						
Venus						
Mars						
Jupiter						
Saturn						

D. Bestimmen Sie den Horoskopherrscher (s. Kapitel 9).

E. Bestimmen Sie das Temperament (s. Kapitel 10). Benutzen Sie dazu die folgende Tabelle:

Temperament-Faktoren	cholerisch	melan-cholisch	sangu-inisch	phleg-matisch
1. AC in 2. H1 = 3. Dispositor H1 = 4. Mondzeichen = 5. Disp. Mond = 6. Mondphase Nr.: 7. Sonnenjahreszeit = 8. Horoskopherrscher = 9. Zeichen des Hh. =				
Total				

F. Bestimmen Sie für die Deutung wichtige Lospunkte und Fixsterne (s. Kapitel 11).

13. Das Horoskop von Lady Diana – eine traditionelle Deutung

Warum Diana?

Meine Leser fragen sich vielleicht, warum ich in diesem Buch ausgerechnet das Horoskop von „Lady Di“ als ausführlichstes Deutungsbeispiel bringe. Hat es nicht in vielen Büchern und Fachzeitschriften schon unzählige Deutungen dieses Horoskops gegeben? Ja, das stimmt! Aber das ist eben der Grund, mich jetzt an Dianas Horoskop zu wagen, in der Hoffnung, Ihnen zeigen zu können, was die *traditionelle* Deutung dieses Horoskops noch zusätzlich bringt.

Dianas Biographie[22]

Diana Frances Spencer wurde am 1. Juli 1961 in Sandringham, Norfolk, in adliger Familie geboren. Laut Angabe der Mutter erblickte Diana um 19.45 Uhr (Westeuropäische Zeit – Sommerzeit = 18.45 Uhr GMT) das Licht der Welt. Ihre Eltern ließen sich 1969 scheiden; das Sorgerecht über Diana verblieb bei ihrem Vater. Diana führte, wie die meisten Kinder der englischen Oberschicht, ein behütetes Leben, obwohl sie, wie jedes Kind, die Scheidung ihrer Eltern nur schwer verkraften konnte. Ihre Schulleistungen waren eher durchschnittlich. Mit 16 Jahren besuchte sie eine schweizeri-

[22] Die Angaben basieren auf dem Eintrag in Wikipedia. Zugriff Oktober 2013.

sche Privatschule, kehrte aber wegen Heimweh vorzeitig nach England zurück. Nach ihrem Schulabschluss arbeitete sie als Kindergärtnerin in London.

1981 heiratete sie den britischen Thronfolger Charles und führte fortan den Titel „Prinzessin von Wales“. Die beiden hatten sich 1977 bei einer Jagdgesellschaft kennengelernt. Aus dieser Ehe entstammen zwei Söhne: William (1982) und Harry (1984).

1992 veröffentlichte der britische Society-Autor Andrew Morton das Buch *Diana, Her True Story,* welches allgemein deutlich machte, dass die Ehe nicht glücklich war und dass Diana sich mit der Formalität und Kälte des englischen Hoflebens sehr schwer tat. Im selben Jahr wurde die Trennung von Tisch und Bett angekündigt.

Über Dianas Gesundheitszustand hatte es in der Öffentlichkeit jahrelang Spekulationen gegeben. Schließlich bestätigte die Prinzessin 1993 in einer Rede indirekt, seit ihrer Teenagerzeit unter Depressionen und Essstörungen gelitten zu haben.

In einem viel beachteten Fernsehinterview mit dem Journalisten Martin Bashir sprach Diana im November 1995 über ihre Rolle als öffentliche Person, über ihre Bulimie und gab auch zahlreiche Details ihrer Ehe mit Charles preis: Charles' Affäre mit Camilla Parker Bowles und ihre eigenen Affären. Dies gipfelte in den berühmten Worten Dianas: „Wir waren zu dritt in dieser Ehe - es war also etwas überfüllt.“ Die TV-Ausstrahlung geriet zum weltweiten Skandal. Königin Elisabeth II forderte daraufhin das getrennt lebende Ehepaar zur Scheidung auf. Am 28. August 1996 wurde die Ehe geschieden.

Dank ihrer warmherzigen Persönlichkeit, ihrer Ausstrahlung und ihrer engen Einbindung in zahllosen Wohltätigkeitsprojekten war Diana eine der prominentesten Figuren des britischen Königshauses. Schon zu Lebzeiten galt sie als Legende und war weltweit sehr populär.

Am 31. August 1997 kam Diana in Paris bei einem Autounfall, zusammen mit ihrem ägyptischen Freund Dodi Al-Fayed und dem Fahrer des Autos, ums Leben. In erster Instanz wurde die Ursache dieses Unfalls der aufdringlichen Verfolgungsjagd der Paparazzi zugeschrieben. Später aber wurde festgestellt, dass der Fahrer betrunken und zu schnell gefahren war, aber vielleicht auch durch das Blitzlicht eines Fotografen geblendet wurde. Es gab zudem zahlreiche Verschwörungstheorien.

Dianas Tod löste nicht nur beim britischen Volk, sondern in der ganzen Welt tiefste Trauer aus. Am 6. September fand unter überwältigender öffentlicher Anteilnahme in London das Begräbnis statt. Nach ihrem Tod erhielt Lady Diana den Beinamen *Königin der Herzen*.

Vorbemerkungen

Obwohl es nur allzu menschlich ist, ein Horoskop sofort „deuten" zu wollen, fängt der traditionelle Astrologe damit an, das Geburtsbild zuerst streng neutral zu analysieren, ohne es schon zu bewerten. Diese Analyse ist viel umfangreicher, als sie in der modernen Astrologie üblich ist. So werden von jedem Planeten die positiven und negativen essentiellen Würden, die Sonnenphasen, die Aspekte, nicht nur zu den anderen Planeten, sondern auch zu den verschiedenen Häusern, insbesondere zu denen, die der Planet selbst beherrscht, untersucht. Nach der Planetenanalyse folgt die Bestimmung des Almutens, des Horoskopherrschers und des Temperaments. Erst aufgrund dieser Analyse kann das Horoskop gedeutet werden.

Systematische Horoskopanalyse

Horoskopdaten Diana:

1. 7. 1961, 18.45 GMT; Sandringham (52N50; 0E30).

AC auf 18°24' Schütze; MC auf 23°03' Waage. Mond auf 25°02' Wassermann.

Häusersystem: Ganzzeichenhäuser.

A. Tag- oder Nachthoroskop?
Dianas Horoskop ist ein Taghoroskop (Sonne über dem Horizont).

B. Essentielle und akzidentelle Würden, Phasen und Aspekte der Planeten:
Achtung: Unter Aspekten werden grundsätzlich Zeichenaspekte verstanden!

Sonne – im Krebs in Haus 8 - Herrscher von 9 - Triplizitätsherrscher des AC
- peregrin;
- in Sektion und Hemisphäre;
- Dispositor von Uranus (aber in Aversion);
- Dispositor des Pars Fortunae;
- im (folgenden) Haus 8;
- vier Aspekte: Konjunktion mit Merkur (den sie verbrennt); Opposition zu Saturn; Sextil zu Venus; Sextil zu Mars; in Aversion mit Dispositor Mond;
- ist als Herrscher von 9 in Aversion mit Haus 9 (30°) - einzige Zeugin: Venus;
- Sonne ist einer der Zeugen für: Herrscher von 11 (Venus);
- Verhältnis zu den modernen Planeten: Sextil zu Pluto; Trigon zu Neptun.

Mond – im Wassermann in Haus 3 - Herrscher von 8
- in Dekanat;
- nicht in Sektion, aber in Hemisphäre;
- Dispositor von Sonne und Merkur (aber mit beiden in Aversion);
- in (fallendem) Haus 3, aber in seiner Freude;
- abnehmend, in der 3. Phase (kalt und trocken);
- zwei Aspekte: Konjunktion mit Jupiter; Quadrat zu Venus;
- in Aversion mit Dispositor Saturn;
- ist als Herrscher von 8 in Aversion mit Haus 8 (150°) - einzige Zeugin: Venus;
- Mond ist einer der Zeugen für: Herrscher von 11 (Venus);
- Verhältnis zu den modernen Planeten: Opposition zu Uranus; Quadrat zu Neptun.

Merkur – im Krebs in Haus 8 - oriental (= Tagesplanet) – Herrscher von 7 (Eckhaus!) und 10 (Eckhaus!)

- peregrin;
- in Sektion (Tagesplanet) und Hemisphäre;
- Dispositor von Mars;
- im (folgenden) Haus 8;
- Sonnenphase F: oriental (Morgenstern) und schwach: *rückläufig* und *verbrannt*;
- vier Aspekte: Konjunktion mit der Sonne; Opposition zu Saturn; Sextil zu Mars; Sextil zu Venus;
- in Aversion mit Dispositor Mond;
- ist als Herrscher von 10 nicht in Aversion mit Haus 10 (60°), aber als Herrscher von 7 in Aversion mit Haus 7 (30°) - einziger Zeuge: Mars;
- Merkur ist einer der Zeugen für: Herrscher von 11 (Venus);
- Verhältnis zu den modernen Planeten: Sextil zu Pluto; Trigon zu Neptun.

Venus – im Stier in Haus 6 (= PF-Haus 10) - Herrscher von 6 und 11 - Herrscher MC

- in *Domizil*;
- nicht in Sektion, aber in Hemisphäre;
- im fallenden Haus 6, das aber PF-Haus 10 ist!
- Sonnenphase G: oriental (Morgenstern) und stark;
- sechs (!) Aspekte: Quadrat zu Mond und zu Jupiter; Trigon zu Mars; Trigon zu Saturn; Sextil zu Sonne und Merkur. Kurz und gut: Aspekte mit allen Planeten!
- steht als Herrscher von 6 im eigenen Haus 6, aber ist als Herrscher von 11 in Aversion mit Haus 11 (150°) - Zeugen: Mond und Jupiter ®, Sonne und Merkur ®, Saturn ® (Erhöhungsherrscher!);
- Venus ist einzige Zeugin für: Herrscher von 9 (Sonne), Herrscher von 8 (Mond), Herrscher von 4 (Jupiter), Herrscher von 3 (Saturn);
- Verhältnis zu den modernen Planeten: Quadrat zu Uranus; Opposition zu Neptun; Trigon zu Pluto.

Mars – in der Jungfrau in Haus 10 - Herrscher von 5 und 12 - Herrscher IC

- peregrin;
- nicht in Sektion, nicht in Hemisphäre; *ex conditione*!
- Dispositor von Neptun;
- als einziger Planet in einem *Eckhaus* (10);
- Sonnenphase Anfang H: okzidental, noch ziemlich stark, aber schwächer werdend;
- vier Aspekte: Trigon zu Venus, Trigon zu Saturn, Sextile zu Sonne und Merkur (Dispositor!);
- ist als Herrscher von 12 nicht in Aversion mit Haus 12 (60°), aber als Herrscher von 5 in Aversion mit Haus 5 (150°) - es gibt drei Zeugen: Sonne (Erhöhungsherrscher von 5!), Saturn ®, und Merkur ®;
- Mars ist einziger Zeuge für den Herrscher von 7 (Merkur);
- Verhältnis zu den modernen Planeten: Konjunktion mit Pluto; Sextil zu Neptun.

Jupiter – im Wassermann, in Haus 3 - Herrscher von 1 (Aszendenthaus!) und 4 (Eckhaus!)

- peregrin;
- in Sektion, aber nicht in Hemisphäre;
- im fallenden Haus 3;
- Sonnenphase D: oriental und schwach, rückläufig;
- zwei Aspekte: Konjunktion zu Mond, Quadrat zu Venus;
- in Aversion mit Dispositor Saturn;
- ist als Herrscher von 1 nicht in Aversion mit Haus 1, aber als Herrscher von 4 in Aversion mit Haus 4 (30°) - einzige Zeugin: Venus (Erhöhungsherrscher von Haus 4)!
- Jupiter ist einer der Zeugen für: Herrscher von 11 (Venus);
- Verhältnis zu den modernen Planeten: Opposition zu Uranus; Quadrat zu Neptun.

Saturn – im Steinbock in Haus 2 - Herrscher von 2 und 3 - Triplizitätsherrscher des AC

- in Domizil;
- in Sektion, aber nicht in Hemisphäre;
- Dispositor von Jupiter und Mond;
- im folgenden Haus 2;
- Sonnenphase D: oriental und schwach, rückläufig;
- vier Aspekte: Trigon zu Venus; Opposition zu Sonne und Merkur; Trigon zu Mars;
- steht als Herrscher von 2 im eigenen Haus, aber ist als Herrscher von 3 in Aversion mit Haus 3 (30°) - einzige Zeugin: Venus;
- Saturn ist einer der Zeugen für: Herrscher von 5 (Mars) und Herrscher von 11 (Venus);
- Verhältnis zu den modernen Planeten: Trigon zu Pluto; Sextil zu Neptun.

C. Bestimmung des Almuten

	Sonne	Mond	Aszendent	Glückspunkt	Pränatales Syzygium	total
	9°	**25°**	**18°**	**3°**	**6°**	
In →	**Krebs**	**Wassermann**	**Schütze**	**Löwe**	**Steinbock**	
Sonne			2	5 + 2		9
Mond	5	1	1		1	8
Merkur		1	2		2	5
Venus	2 +1				2	5
Mars	3				4	7
Jupiter	4		5 + 1	1 + 2	1	14
Saturn		5 + 2 + 2		1	5	15

Dianas Almuten ist Saturn, aber Jupiter hat nur einen Punkt weniger. Man könnte also fast von einer geteilten Königswürde sprechen.

D. Bestimmung des Horoskopherrschers

In Dianas Horoskop ist diese Bestimmung nicht so einfach. Der Reihe nach:

1. Der AC-Herrscher Jupiter ist vor allem ungeeignet, weil er rückläufig ist. Die Rückläufigkeit ist ein ernst zu nehmendes Handicap!
2. a) Planeten im 1. Haus gibt es nicht.
   b) Das Zeichen Schütze hat keinen Erhöhungsherrscher.
   c) Sonne, der erste Triplizitätsherrscher des AC, steht schwach im 8. Haus und ist peregrin; Saturn, der zweite Triplizitätsherrscher des AC, steht zwar in Domizil, ist aber rückläufig.
   d) Der Dispositor des AC-Herrschers Jupiter ist ebenfalls *Saturn.*
   e) *Saturn* ist auch der Dispositor des Mondes und der *Mond* ist Dispositor der Sonne. Der Mond steht zwar in seiner Freude, aber ist peregrin.
   f.) Die MC-Herrscherin ist Venus, die meist geeignete Kandidatin für das Amt des Horoskopherrschers. Sie steht zwar nicht in ihrer Sektion und im fallenden 6. Haus (das allerdings, wie wir noch sehen werden, das 10. Fortunahaus ist!), aber sie steht im Domizil und befindet sich in einer starken Sonnenphase (G). Zugunsten von Venus spricht auch, dass sie als einziger Planet Aspekte mit allen anderen Planeten, auch mit den modernen, bildet!

Die zwei Planeten, die noch nicht untersucht wurden, sind Merkur und Mars.

- *Merkur*: peregrin und rückläufig im 8. Haus;
- *Mars* steht stark in einem Eckhaus (10), ist aber *ex conditione.*

Weil Mars aber als einziger Planet in einem Eckhaus steht, wird er zweifellos eine starke Rolle spielen. Fazit: Venus, obwohl nicht ohne Mängel, ist die Horoskopherrscherin.

E. Bestimmung des Temperaments

Hierzu benutzen wir die Tabelle aus Kapitel 10.

Temperament-Faktoren	chol.	melan.	sang.	phlegm.
1. AC-Zeichen = Schütze	x			
2. H 1: Jupiter			x	
3. Dispositor H1 = Saturn		x		
4. Mondzeichen = Wassermann			x	
5. Disp. Mond = Saturn		x		
6. Mondphase 3		x		
7. Sonnenjahreszeit = Sommer	x			
8. Horoskopherrscher = Venus				x
9. Zeichen des Hh. = Stier		x		
Total	2	4	2	1

Fazit: Obwohl alle Temperamente vertreten sind, überwiegt das *melancholische* Temperament.

F. Pars Fortunae (PF)

In einem Tageshoroskop lautet die Formel: AC + Mond - Sonne. In Dianas Horoskop: 258° + 325° - 100° = 483 - 360 = 123° = 3° Löwe.

- Der Pars Fortunae steht im 9. Radixhaus.
- Sein Dispositor ist die Sonne (peregrin, im 8. Haus).
- Pars Fortunae Haus 10 fällt in Radixhaus 6.

G. Übriges (u.a. Fixsterne)

- MC auf 23° Waage in enger Konjunktion mit dem günstigen Fixstern *Spica*!
- Venus auf 24° Stier in Konjunktion mit dem ungünstigen Fixstern *Algol*.
- Lospunkt Ehe der Frau: AC + Saturn - Venus. In Dianas Horoskop: 258 + 298 - 54 = 502 - 360 = 142 = 22° Löwe (in enger Konjunktion mit Uranus).
- Lospunkt Tod 1: AC + Spitze 8 - Mond. In Dianas Horoskop: 258 + 90 - 325 = 23° Widder.
- Lospunkt Tod 2: Saturn + Spitze 8 - Mond. In Dianas Horoskop: 298 + 90 - 325 = 63 = 3° Zwillinge.

Horoskopdeutung

Taghoroskop – Hauptlicht Sonne

Dianas Horoskop ist ein Taghoroskop, und damit wird die Sonne zum Hauptlicht. Leider steht die Sonne nicht gut: peregrin, im schwierigen 8. Haus, in Opposition zu Saturn. Das Sextil zu Mars ist nicht sehr hilfreich, denn wie schon betont, wäre es nach der Hellenistischen Astrologie fast besser, mit den Übeltätern Saturn und Mars überhaupt keinen Aspekt zu haben als ein Trigon oder Sextil. Mit ihrem Dispositor Mond ist die Sonne in Aversion (150°), sodass dieser sie auch nicht unterstützen kann. Auch mit Jupiter, dem Erhöhungsherrscher des Zeichens Krebs, ist die Sonne in Aversion (150°). Fazit: Das Hauptlicht ist ungünstig positioniert und das wirkt sich auf das ganze Horoskop aus. Zudem ist die Sonne Triplizitätsherrscher des Aszendenten und gehört damit zur Persönlichkeit der Geborenen selbst. Diese Krebssonne, die sich nach Geborgenheit, Häuslichkeit und Familie sehnt, hat wenige Möglichkeiten, gelebt zu werden.

Hinzu kommt noch, dass diese Sonne auch der Herrscher des *Pars Fortunae* ist, was zur Folge hat, dass der Geborenen in ihrem Leben eher unerfreuliche als glückliche Ereignisse zufallen.

Almuten

Wir haben schon festgestellt, dass von einer geteilten Königswürde gesprochen werden kann, weil Jupiter und Saturn bei der Berechnung des Almutens fast gleich viele Punkte haben. Aber wie wir in Kapitel 3 gesehen haben, sind diese beiden Planeten in ihrer Bedeutung total gegensätzlich und für Zusammenarbeit eher ungeeignet. Es gibt zwischen den beiden auch keine einzige Verbindung: keinen

Aspekt, keine gegenseitige Rezeption, keine Antiszie. Wenn zwei Planeten um die Königswürde streiten und einer der beiden auch der Herrscher des Aszendenten ist, sieht man oft, dass dieser Planet den Streit gewinnt. Wohltäter Jupiter als Almuten passt auch besser zu Dianas Biographie. König Jupiter und seine Soldatin Venus sorgten für Dianas große Popularität.

Temperament

Das *sanguinische* Element in Dianas Horoskop machte sie kontaktfreudig und zu einer Vermittlerin zwischen dem starren Königshaus, dem sie angehörte, und dem englischen Volk. Der *Mond* im sanguinischen Zeichen Wassermann und im Haus seiner Freude, im Haus der Kommunikation wird dazu mit Sicherheit beigetragen haben. *Das cholerische* Element lebte Diana vor allem in ihren späteren Jahren, als sie nicht mehr bereit war, sich zu fügen und mutig und zornig ihren eigenen Willen durchsetzte. In dieser Phase kamen insbesondere ihr Mars und ihr Schütze-Aszendent zum Einsatz.

Vor allem ist Dianas Temperament *melancholisch*. Ihre scharfe und objektive Beobachtung des englischen Hoflebens hat zweifellos ihre eingeborene Neigung zum Pessimismus und zur Depressivität noch verstärkt. Dass diese im Grunde romantisch veranlagte Frau, die sich nach der Geborgenheit des Familienlebens sehnte (Hauptlicht Sonne im Krebs), ihren Hochzeitstag später „den schrecklichsten Tag meines Lebens“ nannte, ist kennzeichnend.

Venus und Mars

Wir haben schon festgestellt, dass es nicht so einfach ist, Dianas Horoskopherrscher zu bestimmen. Die Wahl fiel auf Venus, nicht weil sie in diesem Horoskop so ausgesprochen toll steht, aber einfach weil die anderen Planeten als Horoskopherrscher noch weniger überzeugen. Ein guter Grund, sich für Venus zu entscheiden, ist auch, dass Venus MC-Herrscherin ist. In der Öffentlichkeit (MC) hat die „Königin der Herzen“ mit Charme und Weiblichkeit ihr Leben gestaltet. Sie wurde zur meist fotografierten Frau der Welt und zur Mode-Ikone. Ihr Beiname war *Lady Rose*. Die Rose ist eine Venus-Blume.

Der venusische Mensch kann beschrieben werden als:

„... von guter Verfassung, gutmütig mit einer Neigung zur körperlichen Liebe und Sinnlichkeit. Für ihn oder sie sind Freundlichkeit, Genüsslichkeit, Großzügigkeit, Zärtlichkeit zu Kindern und Freunden, eitler Stolz, Freunde und Geduld charakteristisch...“ [23)]

Aber zu Venus gehört Mars. Die beiden sind nicht nur Gegenspieler, sondern sie sollen sich auch ergänzen (s. Kapitel 3). Anfang der neunziger Jahre, in der Zeit ihrer ersten Saturnrückkehr, fing Diana an, ihren Mars zu leben. Mehr dazu weiter unten. In der weiteren Deutung konzentriere ich mich insbesondere auf die Eckhäuser.

Haus 1: Ruder und Ruderer

Die „Nautische Metapher“ der Hellenistischen Astrologie vergleicht das Horoskop mit einem Schiff, auf dem der Geborene seine Lebensreise macht, und nennt den Aszendenten das Ruder und den Aszendenten-Herrscher den Ruderer. Wichtig ist, dass der Ruderer das Ruder „sehen“ kann, das heißt, einen Aspekt mit dem AC-Zeichen bildet. In Dianas Horoskop ist das der Fall, denn der AC-Herrscher Jupiter im Wassermann steht in einem

---

[23] Rafael Gil Brand. *Lehrbuch der klassischen Astrologie,* S. 163.

Sextil-Verhältnis zum Aszendentenhaus Schütze. Wenn der Ruderer das Ruder sieht, heißt das, dass der Geborene sein Leben selbst *direkt* lenken kann. Aus Dianas Biographie bekommen wir aber den Eindruck, dass dies erst in den letzten Jahren ihres Lebens der Fall war und dass sie zumindest bis zu ihrer ersten Saturnrückkehr mehr gelebt wurde als selbst steuerte. Das ist aus der *Rückläufigkeit* Jupiters zu erklären. Rückläufigkeit schwächt einen Planeten sehr. Im Rahmen der Nautischen Metapher heißt die Rückläufigkeit einfach, dass das Lebensschiff der Geborenen mit *Gegenwind* zu kämpfen hat. Rückläufigkeit kann aber auch *Rebellion* bedeuten, weil der rückläufige Planet in die entgegengesetzte Richtung geht.

Wenn ein Planet schwach ist, kann sein Dispositor gegebenenfalls einiges für ihn tun. Jupiters Dispositor Saturn ist aber selbst rückläufig und dazu kommt, dass die beiden Planeten in Aversion (30°) sind.

Haus 4: Herkunft, Elternhaus und Familie

Der rückläufige Jupiter ist nicht nur AC-Herrscher, sondern auch Herrscher von Haus 4. Der Unterschied: Während Jupiter Haus 1 sehen kann, ist er in Aversion (30°) mit Haus 4. Das heißt, dass er nicht in der Lage ist, die Geschicke des 4. Hauses selbst in die Hand zu nehmen. Dazu braucht er einen Zeugen, der ihm erzählen kann, was in Haus 4 los ist und gegebenenfalls Aufgaben in diesem Bereich übernehmen kann. Zeuge kann nur ein Planet sein, der sowohl den Herrscher von 4 als auch Haus 4 sehen kann. In Dianas Horoskop ist das nur Venus, die ein Zeichenquadrat zu Jupiter bildet und in einem Sextil-Verhältnis zu Haus 4 (Fische) steht. Zudem ist Venus Erhöhungsherrscher von Haus 4 und kann aus diesem Grund Aufgaben vom Herrscher des 4. Hauses übernehmen. Dianas frühe Kindheit war wegen der Spannungen zwischen ihren

Eltern zweifellos nicht einfach (Jupiter, Herrscher von 4, rückläufig), aber dank Zeugin und Wohltäterin Venus blieb Diana das liebe Kind, das sich fügte. Interessant ist, dass Venus in den Grenzen von Saturn steht! Saturn strukturiert Venus.

Häuser 7 und 10: Beziehungen, Partnerschaften, das öffentliche Leben

In der Hellenistischen Astrologie ist Haus 10 nicht nur für das öffentliche Leben, sondern auch für Partnerschaft und Kinder zuständig (s. Kapitel 16). Wie sehr trifft das auf Diana zu, deren Ehe fast ausschließlich eine öffentliche Angelegenheit war und im Grunde nur dazu diente, das englische Königshaus mit Nachwuchs zu versorgen!

Es darf uns dann auch nicht wundern, dass in Dianas Horoskop die beiden Häuser eng miteinander verknüpft sind:

- Merkur beherrscht sowohl Haus 7 (Zwillinge) als auch Haus 10 (Jungfrau)!
- Merkur ist in Aversion (30°) mit Haus 7 und braucht einen Zeugen für die Angelegenheiten dieses Hauses, der sowohl mit ihm als auch mit seinem Haus in Verbindung steht. Der einzige Planet, der diese Bedingungen erfüllt, ist Mars, der zu Merkur ein enges Sextil bildet und zu Haus 7 ein Quadrat-Verhältnis hat. Mars steht in Haus 10!
- Merkur, Herrscher von 7 und 10, ist Dispositor von Mars in 10.
- Gegenseitige Rezeption: Merkur steht in den Grenzen von Mars und Mars im Domizil und in den Grenzen Merkurs.

Damit sind sowohl Merkur als auch Mars für die Geschicke der Häuser 7 und 10 zuständig. Planeten in 7 gibt es nicht. - Dass Dianas Ehe wenig erfreulich war, zeigt uns das Horoskop sehr deutlich, denn beide Planeten stehen schlecht.

Merkur:
- steht peregrin;
- ist rückläufig;
- wird von der Sonne verbrannt (Ehe im Schatten der Krone!);
- steht in Opposition zum Übeltäter Saturn;
- bildet in seiner Rückläufigkeit ein applikatives Sextil zum Übeltäter Mars;
- ist in Aversion mit seinem Dispositor Mond.
- Nur das Sextil zu Venus bringt ein bisschen Liebe.

Mars ist *„ex conditione"*: Er steht nicht in seiner Sektion, nicht in seiner Hemisphäre sowie als männlicher Planet in einem weiblichen Zeichen. Der Übeltäter ist also nicht geneigt, seine freundlicheren Charakterzüge zu zeigen. Die enge Konjunktion mit Pluto gibt Mars einen fanatischen Charakter: Kein Stein soll auf dem anderen bleiben! Das alles kommt deutlich zum Tragen, denn Mars steht im Eckhaus 10 sehr stark.

Diana hat versucht, in ihrer Ehe zuerst die Liebe walten zu lassen (Merkur Sextil Venus). Das wird ihr am Anfang auch nicht schwer gefallen sein, denn schon als junges Mädchen soll sie sich „unsterblich" in Charles verliebt haben. Als die Ehe nach der Geburt des zweiten Sohnes allmählich in die Brüche ging und Charles sie mit Camilla betrog, entschied Diana sich für den öffentlichen Kampf (Mars in 10), einen Kampf mit Worten (Interviews!), denn der Dispositor von Mars ist Merkur. Zur gleichen Zeit fing auch sie an, ihren Ehemann zu betrügen. Mars ist Herrscher von 5, dem Haus der Liebschaften.

Mars ist auch Herrscher von 5!

Es fallen aber nicht nur Geliebte unter Haus 5, sondern auch die Kinder. Mars, Herrscher von 5, steht im 10. Haus: Diana gebar Söhne als Nachwuchs für das englische Königshaus, für die Öffentlichkeit (10). Der Herrscher von 5, Mars, ist in Aversion mit Haus 5. Die wichtigste Zeugin ist die Sonne (Sextil zu Mars, Quadrat zu Haus 5), die auch der Erhöhungsherrscher von Haus 5 ist: Kinder im Dienste der Krone!

Fortuna-Haus 10

Die Hellenistische Astrologie legt großen Wert auf das 10. Fortuna-Haus. Es soll in seiner Wirkung oft noch stärker sein als das radikale Haus 10. Dianas Pars Fortunae steht im 9. Haus des Horoskops und damit wird das 6. Haus im Radix zum 10. Fortunahaus. Normalerweise ist das 6. Haus als fallendes Haus schwach, aber als Fortuna-Haus 10 wird es sehr aufgewertet. Auf diese Weise gewinnt Venus nicht nur als Herrscherin des MC, sondern auch als Herrscherin und einziger Planet im Fortuna-Haus 10 sehr viel Bedeutung für Dianas Wirken in der Welt. In diesem Sinne ist es nicht verwunderlich, dass Diana zur Mode-Ikone (Venus) wurde und sich einen Namen mit ihren Wohltätigkeitsaktivitäten (Venus) machte.

Die neuen Planeten, insbesondere Uranus

Die enge, applikative Konjunktion zwischen Mars und Pluto wurde schon oben erwähnt. Neptun bildet mit allen (!) klassischen Planeten Aspekte, was Dianas Leben zweifellos einen neptunischen Touch gegeben hat: Träume in Luftschlössern, Scheinwelten, illusorische Zustände, betrogen werden und betrügen: Das alles gehört zu Neptuns Welt.

Zweifellos spielt Uranus eine sehr wichtige Rolle in diesem Horoskop. Er bildet zusammen mit Mond und Venus ein T-Quadrat, nämlich in enger Opposition zum Mond und engem Quadrat zu

Venus. Weil der Mond im Wassermann in Aversion (30°) mit seinem klassischen Dispositor Saturn steht, wird sein moderner Dispositor Uranus wichtiger. Die Opposition zwischen den beiden macht den Mond freiheitsliebend und rebellisch, Charakterzüge, die erst in Dianas letzten Lebensjahren deutlich zutage getreten sind.

Im Hinbick auf Dianas Leben ist zweifellos der Lospunkt „Ehe der Frau“ (AC + Saturn - Venus) interessant. Dieser Punkt fällt auf 22° Löwe und steht in enger Konjunktion mit Uranus. Ein Kommentar erübrigt sich!

Dianas gewaltsamer, vorzeitiger Tod

In Dianas Horoskop gibt es (u. a.) folgende Hinweise auf ihren gewaltsamen, vorzeitigen Tod:

- Merkur in schlechtem Zustand in Haus 8: Tod (8) durch Autounfall (Merkur)!
- Lospunkt Tod 1 auf 23° Widder. Lospunktherrscher Mars in schlechtem Zustand in Konjunktion mit Pluto (Tod).
- Lospunkt Tod 2 auf 3° Zwillinge. Lospunktherrscher Merkur in schlechtem Zustand in 8.

Auch das Solar des Todesjahres gibt deutliche Hinweise. Mehr dazu in Kapitel 15.

Dianas Horoskop mit Placidus-Häusern

Wie schon angedeutet wurde, steht Dianas Sonne im GZH-Horoskop nicht gut: Im unglücklichen 8. Haus (Tod), in Opposition zu Saturn. Wo befindet sich die Sonne in ihrem Horoskop laut Placidus, einem moderneren Häusersystem? Hier steht die Sonne im 7. Haus und gibt uns einen Hinweis auf das Thema Partnerschaft in ihrem Leben. Genauer gesagt, über ihr Verhalten in Partnerschaften. Weil die Sonne der erste Triplizitätsherrscher des AC-Zeichens Schütze ist, stellt die Sonne einen Teil von Diana selbst dar. - Zur Erinnerung: In der Klassik wird der Geborene selbst nur durch den AC und seine dazugehörenden Faktoren angezeigt! Im selben Haus steht der rückläufige Merkur, der Herrscher von 7 ist. Hinzu kommt noch die Zeichenopposition zu Saturn – wir wissen, dass Diana in Partnerschaften kein Glück beschieden war. Sonne als Herrscher des Pars Fortunae: Ihre Partnerschaft wurde zu einem wahrhaft schicksalhaften Ereignis.

Jupiter und Mond stehen bei GZH in Haus 3, während sie im System nach Placidus im 2. Haus stehen und Dianas finanzielle Lage und Aussichten bezeichnen. Jupiter in Haus 2 verspricht genügend finanzielle Mittel, auch wenn er rückläufig ist. Durch ihren Eintritt in die Königliche Familie wurde Diana sehr reich, musste sich aber sicher auch mit Vermögensangelegenheiten anlässlich der Trennung von Charles beschäftigen. Der Mond könnte auf Dianas fürsorgliche Art hinweisen, was vor allem in ihrem karitativen und humanitären Engagement (gerechte Verteilung von Materie) seinen Ausdruck fand.

Ein Vergleich der beiden Häusersysteme fördert auch bei Mars einiges zutage: Mars steht gemäß GZH in Haus 10 und wurde oben ausführlich in Hinblick auf die Öffentlichkeit und Ehe (Haus 10) gedeutet. Nach Placidus steht Mars, der sich auf Pluto zubewegt, im 8. Haus (Tod). Mars ist nach Placidus auch Herrscher von 4 und zeigt damit zusätzlich das Trennungsdrama ihrer Eltern an.

Im Placidus-System wird Venus aufgewertet. Dieser Planet zieht aus dem relativ ungünstigen GZH-Haus 6 (allerdings Fortunahaus 10) ins 5. Haus um, das Haus ihrer Freude!

Fazit: Es lohnt sich durchaus, ein Radixhoroskop mit zwei Häusersystemen zu evaluieren. Man kommt dabei zu noch profunderen Ergebnissen, die einander ergänzen und/oder einander oft bestätigen.

14. Drei Astrologen aus dem 16. und 17. Jahrhundert

Claude Dariot

Der französische Arzt und Astrologe Claude Dariot (1533-1594) veröffentlichte 1557 sein lateinisches Astrologiebuch *Introductio*. Die französischsprachige Ausgabe dieses Buches erschien schon ein Jahr später: *Introduction au jugement des astres* (1558). Damit war das Werk eines der ersten in der Geschichte der Astrologie, das in einer modernen europäischen Sprache veröffentlicht wurde. Die englische Übersetzung *Judgment of the stars* erfolgte 1583. In England hatte Dariots Buch offensichtlich Erfolg: Die 2. und 3. Auflage der englischen Übersetzung erschienen 1598 und 1653.

Dariots Werk, in einem schönen, klaren Stil geschrieben, ist ein übersichtliches, pädagogisch kluges Buch für Astrologie-Lernende. Fast die Hälfte seines Buches widmet Dariot der Stunden- und Elektionsastrologie. Zu Dariots Zeit wäre es einfach unvorstellbar gewesen, dass ein Astrologe diese Methoden der Astrologie nicht beherrscht hätte! Leider deutet Dariot in seinem Buch keine konkreten Geburtshoroskope (nur ein Stundenhoroskop), sonst hätte ich hier eine Deutung besprochen.

Wie ich schon in der Einleitung schrieb, dauerte die Periode der traditionellen Astrologie zwei Millennien, vom 3. Jahrhundert vor Christus bis ins 17. Jahrhundert.

In meinen Augen waren es vor allem zwei Astrologen, die im 17. Jahrhundert den krönenden Abschluss der klassischen Periode vollzogen: zum einen der Franzose Jean-Baptiste Morin de Villefranche (1583 – 1656) sowie der Engländer William Lilly

(1602 – 1681). Hier behandle ich zwei Radix-Deutungen dieser alten Meister.

Jean-Baptiste Morin

Jean-Baptiste Morin, meistens Morinus genannt, wurde am 23.2.1583 in Villefranche geboren und starb 1656. Er studierte Medizin in Aix und Avignon und war 1615 bis 1630 als praktizierender Arzt tätig. Ab 1630 arbeitete er als Astrologe und Professor der Mathematik. Er wurde durch einige zutreffende konkrete Prognosen berühmt. U. a. beriet er Königin Maria (de' Medici) von Frankreich und Königin Christine von Schweden. Er hatte allerdings auch mächtige Feinde, vor allem den sehr einflussreichen Kardinal Richelieu, der in der Gunst der französischen Monarchie stand.

Morin hatte einen streitbaren Charakter und war u. a. ein offenherziger Kritiker von Descartes. Seine Kritik verschonte nicht einmal Ptolemäus, was gleich noch deutlich wird. Sein Hauptwerk war die *Astrologia Gallica* (AG), 26 Bücher, 784 Seiten, erst posthum 1661 in Den Haag erschienen, geschrieben in einem schwer zugänglichen Küchenlatein. Die Bücher 1 bis 8 sind vor allem philosophisch und beschäftigen sich u. a. mit der Willensfreiheit. Ab Buch 8 sind dann Astronomie und Astrologie an der Reihe. Als das wichtigste Buch wurde und wird noch immer Buch 21 betrachtet, die Determinationslehre.

Buch XXI der *Astrologia Gallica* ist äußerst interessant. Meinen Lesern, die sich weiter in die traditionelle Astrologie vertiefen möchten, lege ich die Lektüre dieses Werks ans Herz. Dass in der Deutung eines Horoskops der von Morin verteidigte Unterschied zwischen *universeller* und *lokaler Determination* streng berücksichtigt werden soll, ist eine klare Sache, die dennoch Jahrhunderte lang von vielen Astrologen kaum beachtet wurde. So auch beispielsweise nicht von Ptolemäus in seinem sehr einflussreichen und auch

Zusammenfassung Buch XXI

Ziel: Aus den oft widersprüchlichen Deutungsregeln soll ein festes Bezugssystem geschaffen werden.
Ausgangspunkt: Die Herrschaft der Planeten über die Zeichen und Häuser hat absolute Priorität.
Jeder Planet besitzt eine *essentielle Natur*, eine Urqualität, die er (meistens!) nur im eigenen Zeichen sauber vertreten kann, z. B. Sonne, warm und trocken im Löwen.
Diese essentielle Natur (*universelle Determination*) kann abgeändert werden durch: Zeichen- und Häuserposition, Aspekte, Bewegungsart usw. Das alles gehört zur *lokalen Determination*. Hier entwickelte Morin ein verfeinertes Deutungssystem, das genaue Prognosen ermöglicht.
Es muss also streng unterschieden werden zwischen *universeller* und *lokaler* Determination. Morin wirft Ptolemäus vor, dass er das nicht getan hat!

überschätzten *Tetrabiblos*. Hier ein Passus aus Buch XXI, wo Morin anhand eines Beispiels klarmacht, was er mit dem Unterschied meint:

„Ptolemäus, Cardanus und andere haben auch geirrt, wenn sie behaupteten, dass in jedem Tag-Horoskop vom kosmischen Zustand der Sonne her ein Urteil betreffend des Vaters des Geborenen zu fällen ist, und in einem Nachthoroskop vom Zustand des Saturn. Dabei sehen sie nicht, dass dies absurd ist, denn wenn die Sonne in Löwe stünde und zum Beispiel in Konjunktion mit Venus oder im Trigon zu Jupiter wäre, würde im Laufe dieses Tages nirgendwo auf der Erde ein Kind geboren werden, dessen Vater nicht glücklich und langlebig wäre oder andererseits unglücklich und kurzlebig, wenn die Sonne schlecht gestellt wäre. Und da dieser Aspekt natürlich für mehrere Tage wirksam bliebe, ist es nur selbstverständlich anzunehmen,

dass jedes in dieser Zeit geborene Kind dieselbe Art von Vater haben würde; dies steht nicht nur im Gegensatz zur Erfahrung, sondern würde auch die Bedeutung der Häuser gegenstandslos machen.“ [24]

Quod erat demonstrandum!

Wie Morin sein eigenes Horoskop deutet

In Buch XXI seiner *Astrologia Gallica* deutet Morin an verschiedenen Stellen Bruchstücke seines eigenen Horoskops (Nr. 9). Morin benutzte Regiomontanus-Häuser. Einige interessante Fragmente übernehme ich hier. Hier eine Passage über die **Wichtigkeit der „lokalen Determination“:**

„Ich wurde bei Tag geboren. Sonne, Mond, Merkur, Venus und Saturn stehen im zwölften Haus und im Trigon zu Mars, der den Aszendenten beherrscht. Der Mond ist daher Signifikator der Eltern, weil er in H4 ist und insbesondere der meiner Mutter, da der Mond weiblich ist und im weiblichen Zeichen Fische steht; seine separative Konjunktion mit Saturn zeigt die geringe Liebe durch meine Eltern an - insbesondere durch meine Mutter - und ihre ungerechte Behandlung mir gegenüber. Die Sonne steht jedoch in enger Konjunktion mit Jupiter, und dies war der Grund dafür, dass Kardinal Richelieu mein geheimer Feind war, da die Sonne zusammen mit Saturn im 12. Haus steht. Die Sonne ist hier der Signifikator für mächtige Feinde und das Unrecht, das durch sie verursacht wird, aber nicht für meinen Vater, obwohl ich während des Tages geboren wurde. In der Tat hatte mein Vater nie eine Abneigung gegen mich und hat mir nie absichtlich Unrecht zugefügt. Und so ist dieses Horoskop ein Beispiel dafür, dass die universellen Signifikatoren sich nicht auf irgendeine spezifische Situation oder Ereignis beziehen können, da, wenn man nur sie selbst betrachtet, ihre Bedeutung und Anwendung zu allgemein bleiben muss.“ [25]

---

[24] Morin. *Astrologia Gallica – Buch XXI* (Tübingen 2005, 2. Auflage), S. 28f.

[25] Ebenda. S. 30. Hervorhebung durch den Autor.

In diesem ersten Fragment gibt Morin wieder einen Beweis für seine Regel, dass universelle und lokale Determination sauber getrennt werden sollen. Hier nun ein Textauszug, der **die Wichtigkeit eines Hauses, in dem mehrere Planeten** stehen, betont:

„Ich hatte mehrere ernsthafte und schwer heilbare Krankheiten, und mehr als einmal kam ich wegen jugendlicher Dummheiten fast ins Gefängnis, mindestens zehnmal war ich in der Gefahr eines gewaltsamen Todes. Sechzehn Mal habe ich mich in den Dienst anderer gestellt, was der Gefangenschaft nicht unähnlich war; ich hatte viele geheime Feinde durch Neid und bin von großen Herren ungerecht behandelt worden, darunter Kardinal Richelieu. Alle diese Übel wurden von Saturn im 12. Haus verursacht, da er eine Analogie zu diesen Dingen hat; dem Allerschlimmsten bin ich aber immer entgangen, dank Jupiter und Venus in guter kosmischer Stellung, und es trifft zu, dass ich bei mehr als fünf Gelegenheiten durch göttliche Güte und Gnade errettet wurde - einmal wunderbar, als ich vom Pferd stürzte und in Todesgefahr war; möge der Herr gepriesen sein von all seinen Heiligen, und ich will mit ihnen sein für alle Ewigkeit, Amen." [26]

Hier zeigt Morin, wie die schlimmen Auswirkungen des großen Übeltäters Saturn – er ist hier als Herrscher von 12 im 12. Haus selbst, das für alle möglichen Formen von Unglück, u. a. Gefangenschaft, steht, von den beiden ebenfalls im 12. Haus stehenden Wohltätern Venus und Jupiter deutlich abgemildert werden können. Das gilt zumal deshalb, weil sie in guter Verfassung sind: Jupiter in seinem Domizil und Venus in der Erhöhung. Hier noch ein Absatz über **die Wichtigkeit der Erhöhungen** (Teil II, Kap. 7):

„In meinem eigenen Leben ist ein nahezu dauerhafter Wunsch nach Berühmtheit durch den Mars in meinem Horoskop angezeigt, der den Aszendenten und damit das Leben beherrscht, während er in das Zeichen der Erhöhung Jupiters gestellt ist und all die anderen Planeten mit Ausnahme von Merkur im Zeichen der Exaltation der das 1. Haus mitbeherrschenden

---

[25] Ebenda. S. 86.

Venus stehen; aber vielleicht hauptsächlich durch die Erhöhung von Sonne und Mond im 1. Haus bezieht sich dies auf meinen Charakter und mein Temperament. Als Ergebnis davon bin übermäßig geneigt, mich anderen aufgrund meiner Begabungen und Kenntnisse überlegen zu fühlen, und es ist für mich sehr schwierig, gegen diese Tendenz anzukämpfen, außer die Erkenntnis meiner Sünden beunruhigt mich, und ich sehe mich selbst als niederträchtigen und verachtenswerten Menschen. All diese Umstände haben sicher bewirkt, dass mein Name in der ganzen Welt berühmt wurde. Viele Beispiele dieser Art können gefunden werden, sodass es nicht müßig erscheint, ein Urteil der Angelegenheiten eines bestimmten Hauses aus der Betrachtung von beidem zu fällen: dem Planeten, der das Haus regiert und auch dem Planeten, der in diesem Haus exaltiert ist.“ [27]

In diesem ehrlichen und offenherzigen Fragment schreibt Morin seine Berühmtheit Mars als Aszendentenherrscher im Krebs, dem Erhöhungszeichen Jupiters, zu. Für Morin als traditionellen Astrologen repräsentiert alles, was durch das 1. Haus und seinen Herrscher angezeigt wird, den Geborenen selbst („das Leben“, „Charakter, Temperament“). Jupiter, der alles größer macht, treibt auch Morins Wunsch, der Beste zu sein, an. Sowohl Widder als auch das Zeichen Stier, das ganz im 1. Haus eingeschlossen ist, bestimmen Haus 1, und diese beiden Zeichen sind die Erhöhungszeichen der Sonne (Widder) und des Mondes (Stier). Morin betont hier, wie wichtig es ist, nicht nur die Domizilherrscher, sondern auch die Erhöhungsherrscher in die Deutung mit einzubeziehen.

William Lilly

William Lilly (1602 – 1681) war wohl der berühmteste englische Astrologe aller Zeiten. Er führte ein langes und faszinierendes Leben, das er in einer sehr lesenswerten Autobiographie niedergeschrieben hat.

---

[27] Ebenda. S. 116 f.

Lilly wurde vor allem als Stundenastrologe bekannt. Sein berühmtestes Werk, *Christian Astrology* (CA), erschien 1647 und wird immer noch als die „Bibel“ der Stundenastrologie betrachtet. Lilly, der u.a. Griechisch und Latein beherrschte, hat die vielen astrologischen Quellen in ihren Originalsprachen gelesen und intelligent in seinem Buch zusammengefasst. Dieses Fundament hat er mit seiner eigenen reichen astrologischen Erfahrung erweitert.

CA ist allerdings nicht ausschließlich ein stundenastrologisches Werk! Im letzten Teil (Buch 3) widmet Lilly sich der Radixastrologie, und auch dieser Teil ist, obwohl weniger bekannt, höchst interessant. Er umfasst immerhin 350 Seiten und ist damit fast genauso umfangreich wie der stundenastrologische Teil.

Bemerkenswert ist, dass Lilly sein Buch auf Englisch schreibt. Es war damals üblich, solche Werke in Latein zu verfassen, was für Lilly, der diese Sprache beherrschte, kaum ein Problem gewesen wäre. Lilly schreibt ein schönes Englisch, das nach fast 400 Jahren noch sehr gut lesbar ist. Wer sich weiter in die traditionelle Radix-Analyse und -Deutung vertiefen möchte, sollte dieses dritte Buch der *CA* unbedingt lesen.[28]

Wie Lilly ein Geburtshoroskop deutet

Lilly illustriert die Theorie zur Radixdeutung nur an einem Beispiel, dem Geburtshoroskop eines englischen Kaufmannes, den Lilly gut kannte. Sie finden das Horoskop im Anhang als Horoskop Nr. 10.[29] Lilly deutet dieses Horoskop sehr ausführlich. So werden u. a. alle

[28] William Lilly. *Christliche Astrologie – Buch 3* (Tübingen 2008).

[29] Ebenda S. 31. Lilly gibt die folgenden Horoskopdaten: 19. September 1616, 2.24.30 PM (LMT). Breite 53° Nord. Aszendent 6°37‘ Steinbock. Es geht hier um ein *julianisches Datum*! Man bekommt mit einer PC-Berechnung das gleiche Horoskop, wenn man folgende Daten nimmt: 29 September 1616, 14.14 LMT, Nottingham (1W10; 52N58). Häuser: Regiomontanus.

einzelnen Lebensbereiche anhand der Häuser analysiert (2. Haus: Besitz, 3. Haus: Geschwister, 4. Haus: Eltern usw.). Es würde den Rahmen meines Buches sprengen, Lillys Deutung hier vollständig zu behandeln; deshalb beschränke ich mich auf den Teil, in dem er die allgemeinen Merkmale des Geborenen, die vor allem mit dem 1. Haus verbunden sind, analysiert.[30]

Temperament

Lilly fängt mit der Besprechung des Temperaments an. Er hat dafür eine Methode, die im Großen und Ganzen der Methode, die ich in Kapitel 10 vorstelle, ähnlich ist. Er kommt dann auch zur gleichen Schlussfolgerung wie ich: Der Geborene ist vor allem melancholisch mit einer sanguinischen Beimischung. Hauptsächlich geht diese Melancholie auf das Konto des Herrschers des 1. Hauses, Saturn, kalt und trocken, der zudem im kalten und trockenen Zeichen Stier steht. Der Geborene ist ernsthaft, streng, entschlossen, in sich gekehrt, arbeitsam, schweigsam.

Horoskopherrscher

Auch für Lilly ist der Horoskopherrscher („*Lord of the geniture*") der Planet, der die stärksten essentiellen und akzidentellen Würden besitzt. Lilly benutzt dabei ein Punktesystem. Im vorliegenden Horoskop ist nach Lilly Venus die Horoskop-Herrscherin, weil sie die meisten Punkte bezieht, und zwar folgendermaßen: 5 Punkte, weil sie in ihrem Domizil (Waage) steht, 2 Punkte, weil sie in ihren Grenzen steht, 4 Punkte, weil sie direktläufig ist, 2 Punkte, weil

[30] Die hier zur Sprache kommende Deutung finden Sie in der englischen Ausgabe von CA vor allem auf den Seiten 742-749 in der deutschen Ausgabe in Buch 3, S. 317-325.

sie oriental ist. 2 Punkte, weil sie schneller als normal läuft, und 5 Punkte, weil sie *in Cazimi* steht (weniger als 17 Bogenminuten von der Sonne entfernt). Insgesamt sind das 20 Punkte. Davon werden 4 Punkte abgezogen, weil Venus im schlechten 8. Haus steht. Insgesamt sind das 16 Punkte, ein Ergebnis, das nach Lillys Berechnungen kein einziger anderer Planet in diesem Horoskop erreicht.

Mein Kommentar: Dass Venus zwei Punkte für ihre Grenzen (*„terms"*) erhält, verdankt sie der Tatsache, dass Lilly für die Grenzen das ptolemäische und nicht das (überzeugendere) ägyptische System benutzt. Weiter: Wenn wir jetzt mit unseren modernen Methoden die zodiakalen Positionen von Sonne und Venus in diesem Horoskop berechnen, bekommen wir das folgende Ergebnis: Sonne 6°43' Waage und Venus 7°57' Waage (Lilly: Sonne 6°37', Venus 6°54'). Venus steht also *nicht in Cazimi* und sollte diese 5 Punkte eigentlich nicht bekommen. Zweifellos trägt Lilly für diesen Fehler keine Schuld, denn die Ephemeriden des 17. Jahrhunderts waren nun einmal nicht so genau wie in unseren Tagen. Nach Lillys Punktesystem wäre nicht Venus, sondern Mars mit 12 Punkten der Horoskopherrscher.[31]

Umgangsformen

Lillys nächster Schritt ist die Besprechung der Umgangsformen (*„manners"*) des Geborenen. Wenn in einem Horoskop ein Planet im 1. Haus steht, ist er laut Lilly der erste Hinweis auf Umgangsformen. Wenn das nicht der Fall ist, wie in diesem Horoskop, wird vor allem der Herrscher des 1. Hauses, in diesem Horoskop Saturn,

[31] Lilly's Berechnung für Mars: 4 Punkte, weil er im 7. Haus (Eckhaus) steht, 4 Punkte, weil er direkt (und nicht rückläufig) ist, 2 Punkte, weil er oriental ist, 2 Punkte, weil seine Bewegung schnell ist, 5 Punkte, weil er nicht verbrannt ist = 17 Punkte. Davon werden wieder 5 Punkte abgezogen, weil er peregrin ist.

wichtig. Über Saturn wurde schon im Abschnitt *Temperament* gesprochen. Der Geborene ist ernsthaft, ein Einzelgänger, entscheidungsfreudig, verschlossen, arbeitsam usw. Wichtig in diesem Fall ist das Quadrat von Mars zu Saturn (den beiden Übeltätern), das den Geborenen halsstarrig und eigensinnig machen kann, auch weil beide Übeltäter in fixen Zeichen (Stier, Löwe) stehen. Allerdings kennt der Geborene auch eine gewisse „weibliche Schwäche" (*„some female infirmness"*), weil Saturn nicht nur im Venus-Zeichen Stier, sondern auch in gegenseitiger Rezeption mit Venus steht. Diese negativen Eigenschaften würden dem Geborenen von großem Nachteil sein, wenn er nicht das schöne Trigon von Merkur und Mond hätte, welche sich in den Luftzeichen Waage und Zwillinge befinden. Zwillinge und Waage gehören zudem zu den sogenannten menschlichen Zeichen im Zodiak. Dieses Trigon macht den Geborenen höflich und gebildet.

Saturn und Mars einerseits, Mond und Merkur andererseits bewirken, dass der Geborene sich manchmal zwischen Fröhlichkeit und Melancholie bewegt, bald himmelhoch jauchzend, bald zu Tode betrübt ist.

Vernunft

Vernunft („wit") fällt vor allem unter Merkur und das Zeichen, in dem er sich befindet. Wichtig ist auch die eventuelle Verbindung von Merkur zum Mond und zu dem Zeichen, in dem der Mond steht. In einem anderen Zusammenhang hat Lilly darauf hingewiesen, dass schon „die Griechen" (er meint die Hellenistischen Astrologen) die besondere Verbindung zwischen Merkur und Mond als Verbindung zwischen Geist und Körper betont haben.

Die Luftzeichen Zwillinge, Waage und Wassermann, so sagt Lilly, sind immer eine Art Garantie für ein gutes Verständnis gewesen. Merkur in Waage in Trigon zum Mond in Zwillingen macht, dass der Geborene geistreich ist, einen scharfen Verstand hat, geeignet für jeden Beruf, in dem Vernunft gefragt wird. Tatsache ist aber, dass Merkur von der Sonne verbrannt ist und in einem engen Quadrat zum Aszendenten steht. Hierzu bemerkt Lilly, dieser Mangel könne dazu führen, dass der Geborene selbst wenig Vertrauen in sein eigenes Können hat. Das wiederum kann ein geringes Durchsetzungsvermögen zur Folge haben.

Aussehen und Statur

Übrigens sagen Aszendent und Aszendentenherrscher auch viel über das Aussehen, die Statur des Geborenen aus. Steinbock-AC und Saturn machen den Geborenen trocken, schlank und aufrecht. Der orientale Saturn tendiert eher zur Fülle. Das Gesicht ist fast oval, sein Teint etwas braun oder dunkel, weil Saturn unter dem Horizont steht usw. Lilly lässt sich hier noch ausführlicher über das Aussehen des Geborenen aus.

Glück und Unglück des Geborenen

Die beiden Wohltäter Jupiter und Venus haben essentielle Würde, Mars und Mond akzidentelle Würde, denn Jupiter und Venus stehen in ihren Domizilen, Mars in einem Eckhaus (7) und Mond im günstigen 5. Haus. Das alles weist auf beständiges Glück und Wohlbefinden des Geborenen. Er wird es allerdings nicht zur Berühmtheit bringen, denn die Wohltäter stehen in „dunklen" Häusern (Jupiter in 12, Venus in 8 – s. auch Kapitel 5). Die klare Luft wird manchmal von Wolken bedeckt, weil sich die Sonne, Hauptlicht des Horoskops, in Fall im dunklen 8. Haus befindet. Aber im Großen und Ganzen kann der Geborene sich über ein dauerhaftes Wohlbefinden freuen.

Obwohl Saturn peregrin und rückläufig ist, steht er in gegenseitiger Rezeption zur Wohltäterin Venus. Der Aszendent (auf 6° Steinbock) befindet sich in Konjunktion mit dem glückbringenden Fixstern Wega, zur Zeit der Geburt auf 9° Steinbock.

Übrigens steht sowohl im Horoskop von Morin als auch im Geburtsbild des Kaufmannes Jupiter im 12. Haus in seinem Domizil. Beide, sowohl Morin als auch Lilly, merken an, dass der große Wohltäter in dieser Position den Geborenen vor größerem Unglück, wie beispielsweise Gefangenschaft, bewahrt. Und damit schließe ich Lillys Deutung ab. Für alles andere verweise ich auf die *Christliche Astrologie.*

Fazit

Die klassische Astrologie zeigt in den zwei Millennien ihrer Existenz unglaublich viele Schattierungen und Facetten. Trotzdem blieb der innere Zusammenhang in dieser immens langen Periode immer gewahrt, eben weil das System der essentiellen und akzidentellen Würden als Basis der ganzen Astrologie unangefochten blieb. Leider ist das Gespür für die Würden im 20. Jahrhundert in der modernen Astrologie fast völlig verlorengegangen.

15. Traditionelle Prognosemethoden

In diesem Kapitel stelle ich verschiedene traditionelle Prognosemethoden vor: Solare, Profektionen, Firdaria. Anschließend behandle ich die im menschlichen Leben so wichtige Saturnrückkehr aus traditioneller Perspektive. Zudem erläutere ich hier die neu entdeckte hellenistische Technik der zodiakalen Aphesis.

Das Solar

Das Solar ist eine traditionelle Technik. In unserer Zeit wird das Solar hauptsächlich in Kombination mit dem Radixhoroskop gedeutet. Traditionelle Astrologen sehen sich gerne in Ruhe das Solar *an sich* an, ohne es sofort mit dem Radixhoroskop zu verbinden. Das Solar ist ja die Bühne, auf der sich das Lebensjahr *konkret* abspielt. Das Solar berechne ich mit Ganzzeichenhäusern und zwar für den Ort, wo der Geborene sich am Anfang des Solarjahrs befindet.

Die wichtigsten Schritte der traditionellen Solardeutung

- Die Hausposition des (antiken) Aszendentenherrschers (H1) im Solar zeigt, was in diesem Jahr „auf der Tagesordnung steht".
- Planeten im 1. Haus und Planeten an Achsen des Solars ergänzen diese „Tagesordnung".
- Das Solarhaus, in dem die Sonne steht, wird in diesem Jahr besonders hervorgehoben.

Beispiel Todessolar Diana

Todes-Solar von Prinzessin Diana (Horoskop 8): 1.7.1997, 11.31 Uhr GMT, London. AC 1°35' Waage

1. H1 = H8 = Venus in Löwe in 11, in Aspekt mit Saturn und Mars.
2. Mars (= H7) am AC in 1, im Exil, in Opposition zu Saturn in 7!
3. Sonne in 10.

Zu 1: Die Tatsache, dass Venus nicht nur Herrscher von 1, sondern auch Herrscher von 8 ist, ist ein (schwacher) Hinweis auf das Thema Tod.

Zudem steht Venus peregrin und bildet Aspekte mit den beiden Übeltätern. Dass es sich hier um ein Sextil (zu Mars) und ein Trigon (zu Saturn) handelt, tut nichts zur Sache. Wichtiger ist, dass beide Aspekte applikativ sind. Insbesondere das Sextil zu Mars ist eng.

Zu 2: Die Position von Mars in Haus 1 in Konjunktion mit dem Aszendenten macht Mars, der u. a. für Unfälle steht, zum Planeten mit der stärksten Dominanz in diesem Solar.

Mars steht im Exil und bildet eine applikative Opposition zum anderen Übeltäter Saturn, der im Fall steht!

Zu 3: Die Sonne, peregrin in 10, im Quadrat sowohl zu Mars als auch zu Saturn, weist darauf hin, dass Diana in diesem Solarjahr weltweit für schockierende Schlagzeilen (10 = Öffentlichkeit) sorgen wird.

Fazit: Das ist ein höchst ungünstiges Solar! Jeder traditionelle Astrologe hätte Diana am Anfang dieses Jahres auf die erhöhte Unfallgefahr hingewiesen und sie zur Vorsicht gemahnt.

Todes-Lunar Diana: Die interessierten Leser weise ich darauf hin, dass auch das Todes-Lunar ein sehr ungünstiges Horoskop ist. Auch hier ist Mars der dominierende Planet: Er ist Herrscher von 1 und steht direkt am Skorpion-AC in Haus 1, im Quadrat zum Mond in Haus 4 („das Ende der Dinge“).

Lunar-Daten: 19.8.1997, 10.08 GMT; Olbia (Italien), 40N55, 9E31; AC: 0°19' Skorpion. Das Lunar wird für Olbia auf Sardinien berechnet, wo Diana sich zum Zeitpunkt des Lunars befand.

Profektionen

Zur wichtigen und wertvollen Prognosetechnik der Profektionen lasse ich gerne meine österreichische Kollegin Elke Jurasszovich hier als Gastautorin zu Wort kommen, die diese Technik in den letzten Jahren ausführlich studiert und erprobt hat.

Elke Jurasszovich

Die Profektion – eine beliebte und einfache Zeitherrschertechnik zur Prognostik

Die verbreitetste Zeitherrschertechnik aus der Hellenistischen Tradition ist allgemein bekannt als „Jahres-Profektion" oder einfach als „Profektion". Bei dieser Methode wird ein Signifikator durch die Zeichen des Zodiaks dirigiert. Bei der Profektion heißt der Schlüssel: Ein Zeichen ist gleich ein Jahr.

Erwähnung und Anwendung fand dieses System bei Dorotheus von Sidon, Marcus Manilius, Claudius Ptolemäus, Vettius Valens, Firmicus Maternus, Paulus Alexandrinus und Hephaistio von Theben. Wegen seiner weiten Verbreitung in der Hellenistischen Tradition und seines relativ einfachen Ablaufes ist es eines der wenigen Zeitherrschersysteme, das bis in die mittelalterliche Tradition überlebte, wo es sich eines hohen Grades an Popularität erfreute. Auch gilt: Ganzzeichenhäuser verwenden!

Methode: Bestimmen Sie das Alter des Horoskopeigners und finden Sie das aktivierte Haus in unten stehender Tabelle. Dessen antiker Herrscher ist der neue Zeitherrscher dieses Jahres (Dominus anni). Alle 12 Jahre wiederholt sich der Profektions-Zyklus. Der Aszendent und sein Herrscher werden immer dann aktiviert, wenn eine Person 12, 24, 36, 48, 60… Jahre alt ist. Das zweite Haus und sein Herrscher werden immer dann aktiviert, wenn eine Person 13, 25, 37, 49, 61,… Jahre alt ist.

Haus	**Alter**						
1	0	12	24	36	48	60	72
2	1	13	25	37	49	61	73
3	2	14	26	38	50	62	74
4	3	15	27	39	51	63	75
5	4	16	28	40	52	64	76
6	5	17	29	41	53	65	77
7	6	18	30	42	54	66	78
8	7	19	31	43	55	67	79
9	8	20	32	44	56	68	80
10	9	21	33	45	57	69	81
11	10	22	34	46	58	70	82
12	11	23	35	47	59	71	83

Deutung:

1. Analyse des Jahresherrschers (JH):

Bestimmen Sie den antiken Planeten, welcher der Herrscher des Jahres ist, und dessen grundlegende Natur.

- Ist dieser Planet ein Wohltäter oder Übeltäter?
- Gehört dieser Planeten zu seiner Sektion oder steht er außerhalb von ihr?
- Beachten Sie seine essentiellen und akzidentellen Würden und eventuelle Verbindungen (Aspekte, Rezeptionen) mit anderen Planeten.
- Hat dieser Planet einen Zeichenaspekt mit dem AC oder steht er in Aversion?
- Steht er in einem Eckhaus, einem nachfolgenden oder einem fallenden Haus?
- In welchem Zustand ist der Dispositor des JH?

2. Transite beachten:

- Wo befindet sich der JH gerade als Transitplanet und welchen Kurs durch den Tierkreis wird er dieses Jahr nehmen?
- Welche Transitplaneten aspektieren den JH als Radix-Planeten?
- Welche Transitplaneten gehen über das Jahres-Profektions-zeichen? Eventuelle Planeten im Haus des Jahresherrschers haben bei der Deutung Vorrang vor dem Hausherrscher!

3. Fortgeschrittene Methode:
Man kann alle Faktoren des Horoskops (Planeten und Häuser) profektieren. Zum Beispiel, wenn man die Chancen für eine Partnerschaft im kommenden Jahr untersuchen möchte.

Beispiel: Das Haus des profektierten AC ist z. B. das 10. Radixhaus, das in das Zeichen Stier fällt. Dann ist das gegenüberliegende 4. Radix-Haus, das in Skorpion fällt, das (gedrehte) profektierte Haus 7 (Partnerschaft). Transite von Planeten, die in diesem 7. Haus stehen, sollten beobachtet werden. Steht in diesem Haus Jupiter, sollte man im kommenden Jahr alle Jupiter-Transite (Ingresse, Aspekte, stationäre Phasen, Verbrennungen, Rückläufigkeiten) beobachten und ebenso alle Transit-Aspekte auf den Radix-Jupiter beachten. Sie zeigen auslösende Ereignisse an.

Stehen in diesem Haus keine Planeten, beobachtet man den Hausherrscher (in diesem Fall Mars) im Transit und jene Transite, die der Hausherrscher Mars als Radix-Planet empfängt.

Zum Thema „Partnerschaft" empfiehlt es sich zusätzlich, die profektierte Venus zu betrachten. Bei einer Profektion des 10. Hauses wird die Venus ebenfalls 10 Häuser weiter geschoben. Jener Platz, auf dem sie „landet", bietet zusätzliche Aussagen zum Thema.

Deutungsschwerpunkte - Zusammenfassung:

1. Die Stellung des JH als Radix-Planet zeigt wichtige Themen (Haus) des Jahres an (z. B. JH in Haus 5: Geburt eines Kindes).

2. Transite, die der JH als Radix-Planet empfängt, sind von großer Wichtigkeit.
3. Gleichermaßen wichtig sind Transite und Ingresse des JH als Transitplanet in diesem Jahr (z.B. Transit-Mars geht über den JH in Haus 1: Unfall, Operation, usw.).
4. Welche Planeten transitieren das Profektionszeichen dieses Jahres?

Schlüssel zur Vorhersage: Profektionsjahre wiederholen sich (z. B. im Alter von 12, 24, 36,…Jahren), daher wiederholen sich oft auch deren Themen.

Beispiel: Thesenanschlag Martin Luther (Horoskop 3): Es ist interessant, die Konstellationen um dieses historisch wichtige Ereignis des Jahres 1517 mit der Methode der Profektionen metagnostisch zu deuten. Dazu benötigen wir die Transite, denn sie zeigen uns die Auslösung bedeutender Ereignisse an. Beachten Sie bitte, dass hier Ganzzeichen-Häuser verwendet werden. Ein Zeichen ist also gleich einem Haus!

Martin Luther soll laut Überlieferung am 31.10.1517 (ein Datum, das laut Wikipedia aber nicht ganz sicher ist) seine 95 Thesen am Hauptportal der Schlosskirche in Wittenberg angeschlagen haben. Er war damals 33 Jahre alt. Das bedeutet für die Deutung, dass der Profektions-AC im 10. Haus (s. Tabelle) im Zeichen Stier liegt. Somit ist Venus Jahresherrscher. Venus steht in Luthers 4. Radixhaus. Dass dieses Haus mit nicht weniger als 4 Planeten aktiviert wird, passt gut zu den Ereignissen dieses Jahres.

Wichtig ist zunächst einmal, die beteiligten und damit auslösenden Planeten zu bestimmen. Da es in diesem Jahr um den vorläufigen Höhepunkt in einer öffentlichen Kontroverse geht, betrachten wir das 4. Radix-Haus, denn es ist das gedrehte H7 (ab H10 = Profektions-AC). Das 7. Haus gilt auch als Haus der Gegner und der öffentlichen Feinde. Wie wir wissen, hat Luther eine grundlegende Reform der ganzen Kirche „an Haupt und Gliedern“ gefordert. Damit löste er starke Kontroversen aus mit weitreichenden historischen Konsequenzen. Er wurde nach dem Thesen-Anschlag von der Kurie in Rom vorgeladen und der notorischen Ketzerei angeklagt.

Die Jahresherrscher für Luthers „öffentliche Gegner" sind gleich mehrere Planeten, nämlich all jene, die im Radixhaus 4 stehen: Der Reihe nach sind das Mars, Saturn, Venus (zugleich allgemeiner Jahresherrscher!) und Sonne. Also müssen wir bei diesen Planeten alle Aspekte beachten, die sie von Transit-Planeten empfangen, und müssen sie ebenso in ihrer Rolle als Transit-Planeten beachten. Dasselbe tun wir mit dem Jahresherrscher Venus. Die Transit-Aspekte müssen nicht exakt sein. Es geht um die Aspektierung des Zeichens. Am Tag des Thesenanschlags standen sowohl Sonne als auch Mars in Skorpion. Das heißt, dass zwei Planeten aus dem 4. Radixhaus, Sonne und Mars, dieses Haus (das gedrehte Haus ab Jahreshaus 10) zur Zeit des Thesenanschlags transitierten. Zusätzlich wird der Jahresherrscher Venus als Radixplanet von Sonne und Mars transitiert.

Diese Transite von Mars (der ja auch Almuten und Horoskop-Herrscher in Luthers Horoskop ist) und Sonne über dieses Haus 4 und dazu über den Jahresherrscher Venus sind ein starker Hinweis auf besondere Aktivitäten in diesem Jahr. Diese Transite finden noch dazu in einem Eckhaus statt, das entsprechend Ereignisse sichtbar macht.

Firdaria

Die Firdaria sind ursprünglich eine arabische Prognosemethode. Der Begriff stammt von *„Fardar"*, das etwa *Periode* bedeutet. Es geht um eine Abfolge von Lebensphasen-Herrschern, die sowohl über bestimmte Lebensperioden als auch innerhalb dieser Perioden über Sub-Perioden herrschen.

Sonne, Mond, die 5 antiken Planeten und der aufsteigende und der absteigende Mondknoten beherrschen nacheinander die ersten 75 Lebensjahre eines Menschen. Lebt er länger, dann fängt ein neuer Firdaria-Zyklus an. Zur Bestimmung der Firdaria eines Geborenen ist es wichtig, zu wissen, ob es ein Tag- oder ein Nachthoroskop ist.

Planet	**Jahre**	**Lebensalter**
Sonne	10	0 bis 10
Venus	8	10 bis 18
Merkur	13	18 bis 31
Mond	9	31 bis 40
Saturn	11	40 bis 51
Jupiter	12	51 bis 63
Mars	7	63 bis 70
Aufsteigender Mondknoten	3	70 bis 73
Absteigender Mondknoten	2	73 bis 75

Abfolge der Perioden für eine(n) am **Tag** *Geborene(n)*

Planet	**Jahre**	**Lebensalter**
Mond	9	0 bis 9
Saturn	11	9 bis 20
Jupiter	12	20 bis 32
Mars	7	32 bis 39
Sonne	10	39 bis 49
Venus	8	49 bis 57
Merkur	13	57 bis 70
Aufsteigender Mondknoten	3	70 bis 73
Absteigender Mondknoten	2	73 bis 75

Abfolge der Perioden für eine(n) am **Nacht** *Geborene(n)*

Wie bei den Dekanaten basiert die Reihenfolge auch hier auf der *chaldäischen Reihe*, von langsam nach schnell (s. auch Kapitel 7).

Jede Periode wird in sieben Sub-Perioden unterteilt, die innerhalb jeder Periode gleich groß sind. Jede Sub-Periode wird von einem antiken Planeten mitbeherrscht. Die erste Sub-Periode wird immer vom gleichen Planeten wie die Hauptperiode mitbeherrscht, sodass beispielsweise die Mars-Periode folgende Sub-Perioden hat:

Mars – Mars
Mars – Sonne
Mars – Venus
Mars – Merkur
Mars – Mond
Mars – Saturn
Mars – Jupiter

Die Dauer der Sub-Perioden ist in jeder Hauptperiode wieder anders, weil, wie wir gesehen haben, die Hauptperioden nicht gleich lang sind.

Die Dauer der Sub-Perioden ist:
in der Saturn-Periode: 1 Jahr, 6 Monate und 26 Tage
in der Jupiter-Periode: 1 Jahr, 8 Monate und 17 Tage
in der Mars-Periode: 1 Jahr
in der Sonne-Periode: 1 Jahr, 5 Monate und 4 Tage
in der Venus-Periode: 1 Jahr, 1 Monat und 22 Tage
in der Merkur-Periode: 1 Jahr, 10 Monate und 9 Tage
in der Mond-Periode: 1 Jahr, 3 Monate und 13 Tage.

Weil die Berechnung kompliziert ist, gibt es im Internet einen Online-*Firdaria-Rechner,* mit dem man für jede Geburt eine individuelle Tabelle der Firdaria-Daten berechnen lassen kann. Sie finden den Rechner unter folgender Adresse: http://firdaria.com/calculator.php.

Beachten Sie, dass Sie vor der Berechnung angeben, ob es ein Tag- oder ein Nachthoroskop ist!

Robert Hand schrieb über Firdaria in Internet einen interessanten Artikel (siehe Literaturliste). In diesen Artikel kopierte er u. a.

die Deutungen aller Perioden und Sub-Perioden des berühmten Nürnberger Astrologen Johannes Schöner (1477 – 1547).

Ein Beispiel für eine Deutung nach Schöner: Was kann der Geborene während einer Sonnen-Periode mit der Sub-Periode Venus erwarten?

Sonne/Venus: *„Bei Taggeburten wird der Native durch sein äußeres Auftreten erhöht werden; er wird seine Eltern lieben und achten; er wird, wenn es passend ist, heiraten, und es Anzeichen im Geburtshoroskop dafür gibt. Eventuell wird er eine Reise machen oder einer seiner Verwandten wird ihn auf eine Reise mitnehmen, eine Schwächung an verborgenen Körperteilen wird ihm zustoßen.*

Bei einer Nachtgeburt zeigt diese Kombination an, dass er Schwierigkeiten entkommen wird, wenn er in solchen war; er wird wohlhabender werden, sich seiner Frau und Kinder glücklich schätzen; er wird schöne Dinge machen oder Erbeigentümer erstehen; er wird Gutes tun und den Armen geben; er wird gewinnbringende Reisen unternehmen und eventuell aus religiösen Gründen geehrt werden; er kann Beeinträchtigungen seiner Genitalien erleiden."

Wenn Sie die Bedeutungen der Planeten gut kennen, werden Sie ohne große Probleme selbst solche kombinierte Beschreibungen (die Ihnen vielleicht besser gefallen) basteln können.

Die Firdaria haben mich im Gegensatz zu den Profektionen bis jetzt nicht richtig überzeugen können. Trotzdem gebe ich hier ein Beispiel aus meinem eigenen Leben:

Beispiel: Im Alter von 69 Jahren erlitt ich einen Schlaganfall, von dem ich inzwischen fast hundertprozentig geheilt bin. Später sagten mir meine Ärzte, nachdem sie sich die Bilder der Kernspintomografie angesehen hatten, dass der Unterschied zwischen Leben und Tod bei mir 2 Millimeter (!) betragen hätte. Ich habe also unglaublich viel Glück gehabt. Meine Firdaria in diesem Jahr: Hauptperiode Mars, Sub-Periode Jupiter. Der Übeltäter Mars steht zweifellos für den Schlaganfall. Und der große Wohltäter Jupiter? Für das große Glück, das ich dabei hatte? Sehr wohl möglich!

Die Saturnrückkehr

Über Saturns Rückkehr an seinen Ort im Radix wurde schon sehr viel geschrieben, aber kaum aus traditioneller Sicht.

Die Saturnrückkehr im Allgemeinen

Die erste Rückkehr um das 29. Lebensjahr und die zweite etwa um das 59. Jahr teilen das menschliche Leben in drei äußerst wichtige Abschnitte. Die dritte Rückkehr erleben die meisten Menschen nicht oder an ihrem Lebensende. Der amerikanische Astrologe Stephen Arroyo hat diese drei Lebensabschnitte sehr schön auf den Punkt gebracht: „Im ersten Abschnitt werden wir *geboren*, im zweiten *leben* wir und im dritten *sterben* wir." Arroyo meint damit, dass wir die Zeitspanne bis zu unserem 29. Lebensjahr damit zubringen, uns auszubilden, uns einen Lebenspartner zu suchen usw. Zwischen der ersten und zweiten Saturnrückkehr stehen wir im vollen Leben und leben und arbeiten mit dem, was wir im ersten Abschnitt errungen haben. Im dritten Abschnitt haben wir die Aufgabe, zu lernen, dass wir vieles allmählich nicht mehr so schnell und gut können wie früher, dass wir bestimmte Dinge, beispielsweise unseren Beruf, aufgeben sollten.

Obwohl die Saturnrückkehr beide Male nicht selten als Krise erlebt wird, führt eine gute Bewältigung dieser Krisen dazu, dass der Mensch sich nachher fühlt wie ein Baum, der stark zurückgeschnitten wurde, damit er wieder weiterwachsen kann.

Klienten, die um die erste Saturnrückkehr zu einer Radix-Beratung kommen, kämpfen oft mit dem Problem, dass sie sich noch nicht richtig von den Eltern abgenabelt haben und diese noch immer meinen, bestimmen zu dürfen, was ihr schon längst erwachsenes Kind zu tun und zu lassen habe. Frauen hören in diesem Alter nicht selten: „Wann werden wir endlich Großeltern? So viel Zeit bleibt dir nicht mehr!“ Eigentlich meinen sie: „… bleibt *uns* nicht mehr.“ Eine gute Bewältigung der ersten Saturnrückkehr kann zu einer großen Befreiung führen.

Das gilt aber ebenso für die zweite Saturnrückkehr! Ich selbst habe mein aktives Berufsleben (ich war Gymnasiallehrer) 2002 an meinem 60. Geburtstag beendet und habe mich seither in meinem Leben noch nie so frei gefühlt. Wer diese zweite Rückkehr gut bewältigt, stürzt nicht in ein schwarzes Loch, sondern ist, wenn die Gesundheit mitspielt, in der Lage, sein Leben fast nur noch mit Dingen zu füllen, die er selbst für angenehm und nützlich hält.

Die Saturnrückkehr aus traditioneller Sicht

1. Die Saturnrückkehr ist spürbar, solange sich der transitierende Saturn im Zeichen (= Haus), in dem sich der Radix-Saturn befindet, aufhält. Eine Rückkehr dauert also etwa zweieinhalb Jahre. Saturn nimmt sich immer Zeit! Steht also Ihr Radix-Saturn in den Zwillingen, beginnt die zur Beobachtung anstehende Periode der Saturnrückkehr dann, wenn der transitierende Saturn ins Zeichen Zwillinge eintritt, und sie endet, wenn er das Zeichen Zwillinge wieder verlässt – inklusive einer eventuellen Rückläufigkeit. Aber selbstverständlich wirkt sich die Saturnrückkehr dann verstärkt aus, wenn Saturn exakt über dem Geburtssaturn transitiert.
2. Die Saturnrückkehr kann sich auf Geborene mit einem Taghoroskop positiver als auf Geborene mit einem Nachthoroskop auswirken. Weil Saturn ein Tagplanet ist (s. Kapitel 6), kann er in Taghoroskopen positiver funktionieren, insbesondere wenn er über dem Horizont steht. In Nachthoroskopen manifestiert er sich nicht selten als schwieriger, was sich während seiner Rückkehr für den Geborenen deutlich auswirken kann. Die positiven Manifestationen Saturns sind: bewusste Konzentration auf die betroffenen Themen, Vertiefung, Ballast über Bord werfen, Neuordnung eines

Lebensbereiches usw. Die negativen Manifestationen sind: Erstarrung, Verschlossenheit, Festhalten an alten Gewohnheiten, Traditionen, die sich überlebt haben usw. Natürlich muss man nicht unbedingt davon ausgehen, dass die am Tag Geborenen immer besser mit einer Saturnrückkehr umgehen als die Nachtgeborenen, weil dies von weiteren Horoskopfaktoren abhängig ist.

3. Die Saturnrückkehr macht sich nicht nur bei jenen Themen bemerkbar, die das Haus, in dem Saturn im Geburtshoroskop steht, beherrschen, sondern auch in den Themen jener Häuser, deren Hausherr er ist. Steht Radix-Saturn beispielsweise im 7. Haus, dann wirkt sich die Rückkehr selbstverständlich auf Partnerschaftsthemen aus. Hierin unterscheidet sich die traditionelle nicht von der modernen Auffassung. Aber wenn in diesem Horoskop Saturn beispielsweise Herrscher des 2. Hauses (Spitze in Steinbock) und des 3. Hauses (Spitze in Wassermann) ist, werden während der Rückkehr auch die Themen, die mit diesen Häusern verbunden werden, verstärkt in den Blickpunkt rücken: Finanzen, Besitz (2), Kommunikation, Geschwister (3) usw. Übrigens funktioniert diese Regel am besten mit Ganzzeichenhäusern.
4. Insbesondere Konjunktionen, Quadrate und Oppositionen, die der transitierende Saturn mit Geburtsplaneten bildet, machen sich bemerkbar._Wenn diese Aspekte allerdings Wiederholungen von Aspekten im Radix sind, bewältigen bewusst lebende Geborene diese Transite oft relativ gut, weil sie in diesem Fall oft schon gelernt haben, die Probleme dieses Aspekts zu managen.

Ein Beispiel: Hermann Hesse (Horoskop 4)

Hesses Saturn steht auf 20° Fische im 4. Haus. Der Transit-Saturn trat im April 1905 in das Zeichen Fische ein und blieb dort bis März 1908, mit einer Unterbrechung von August 1905 bis Januar 1906, als er sich wieder im Wassermann aufhielt.

- *Transit-Saturn durch das 4. Haus: Beschäftigung mit Familie, Vergangenheit.* Im Jahre 1906 erschien Hesses zweiter Roman *Unterm Rad,* in den er seine Erfahrungen aus der Schulzeit und Ausbildung und seine heftigen Auseinandersetzungen mit seinen Eltern, insbesondere mit dem Vater, einfließen ließ und literarisch verarbeitete. Der Roman ist sehr autobiographisch. Insbesondere seine Zeit im Evangelischen Seminar Maulbronn wird genau beschrieben. In den beiden Charakteren Hans und Heilner erkennt man Hesse leicht wieder. Wie Heilner floh auch Hesse aus der Anstalt und wurde wieder eingefangen. Auch Heilner ist wie Hesse künstlerisch veranlagt usw. Für Hesse war das Schreiben dieses Romans eine Therapie: Er hat damit seine Suizidgedanken vertreiben können.
- *Auch Umwelt und Natur sind Themen des 4. Hauses:* 1907 schloss Hesse sich auf dem Monte Verità bei Ascona der von Gusto Gräser gegründeten Künstlerkolonie an, Sitz einer lebensreformerischen Bewegung, die heute als eine der Wiegen der Friedens- und Umweltbewegungen gilt. Hier lernte er dank Gräser auch die geistige Welt des Ostens kennen. Aber auch von dieser Erfahrung kann er später Abstand nehmen, beispielsweise in seiner satirischen Erzählung *Doktor Knölgens Ende* (1910), in der Hesse zeigt, dass jeglicher Fanatismus zum Scheitern verurteilt ist, wenn er keine kritische Selbstbetrachtung erfährt.
- *Während der Saturnrückkehr ist ein verstärkter Fokus auf Themen des 2. und des 3. Hauses möglich, weil Saturn im Geburtshoroskop der Herrscher dieser beiden Häuser ist.* Hesse lebte als freier Schriftsteller, aber er hatte in diesen Jahren noch nicht die Bekanntheit, die er später erlangen sollte. Er hatte 1904 geheiratet, und 1906 wurde sein erster Sohn geboren. Finanzen, Geld sind mit Sicherheit ein wichtiges Thema in diesen Jahren gewesen - Geld, das er mit seiner Schreibfeder (Haus 3) verdienen musste.

Fazit: Hesses erste Saturnrückkehr scheint mir ein schönes Beispiel einer gelungenen Verarbeitung der Probleme, mit denen Hesse in Kindheit und Jugend konfrontiert worden war.

Zodiakale Aphesis

Eine der Entdeckungen des Hindsight-Projekts (s. Kapitel 1) ist eine hellenistische Prognosemethode, die *Zodiacal Releasing* (Robert Schmidt) oder „zodiakale Aphesis" genannt wird. Es ist eine Technik, die das menschliche Leben auf Basis des Geburtshoroskops in größere und kleinere Abschnitte unterteilt und diese Abschnitte charakterisiert. Die Technik zeigt auch sehr genau, wann die Perioden einander ablösen; sie bietet ein Lebensszenario an. Eine entscheidende Rolle spielt dabei der Pars Fortunae und insbesondere der Pars Daimon (s. Kapitel 11).

Das griechische Wort *Áphesis* bedeutet etwa „Befreiung", „das Loslassen" („release"), „Entladung". Wenn nach dieser Methode beispielsweise eine Saturnperiode an der Reihe ist, wird Herrscher Saturn sich in diesem Zeitraum „entladen", sich äußern, und die Periode bekommt einen saturnischen Charakter.

Die Kenntnis dieser neuen Methode haben wir dem Ehepaar Robert Schmidt[32] und Ellen Black zu verdanken, das die Methode beschrieben und erprobt hat. Auch der niederländische klassische Astrologe Martien Hermes hat mit dieser Methode ausführlich experimentiert und sie als sehr zuverlässig erfahren. In seinem tiefschürfenden Buch „Die Lebenslinie im Horoskop" hat er die Methode inzwischen auch den deutschsprachigen Lesern zugänglich gemacht.[33]

---

[32] Robert Schmidt Audio Tutorial: *Zodiacal Releasing from Spirit.* Project Hindsight: Charting Career with Hellenistic Astrology (2007).

[33] Martien Hermes. *Die Lebenslinie im Horoskop – Erkennen Sie ihre wichtigsten Lebensperioden und Ziele mit der klassischen Astrologie.* (Tübingen 2013).

Fragen und Aufgaben zu Kapitel 15

1. Berechnen Sie für Joseph Ratzinger (Papst Benedikt XVI, Horoskop 6) das Solar für 2005 für den Standort Rom. Am 19.4.2005 wurde Ratzinger zum Papst gewählt.
2. Deuten Sie den wichtigsten Faktor dieses Solars.
3. Wie hat sich die erste Saturnrückkehr im Leben der Prinzessin Diana ausgewirkt?

16. Die Architektur der hellenistischen Häuser

Die hellenistischen Bedeutungen der Häuser

Die hellenistischen Häuserbedeutungen bilden eine eindrucksvolle, zusammenhängende Architektur, die leider in späteren Epochen teilweise verlorengegangen ist, weil sie nicht mehr begriffen wurde. Das führte u. a. dazu, dass sich bestimmte hellenistische Häuserbedeutungen im Mittelalter hin zu anderen Häusern verschoben. Ein Beispiel dafür ist das 12. Haus, das in der Hellenistischen Astrologie u. a. für *öffentliche* Feinde zuständig war, während diese im Mittelalter ins 7. Haus gerieten. Dagegen zogen die *heimlichen* Feinde aus dem hellenistischen 6. Haus ins mittelalterliche 12. Haus um. Die hellenistische Zuordnung scheint logischer, wenn man davon ausgeht, dass sich in den Häusern *über dem Horizont* das Schicksal öffentlich, im Bewusstsein der Menschen manifestiert, während es in den Häusern *unter dem Horizont* eher unbewusst und unergründlich zum Tragen kommt.

Häuser über dem Horizont und unter dem Horizont

In den Häusern *über dem Horizont* manifestiert sich das Schicksal öffentlich, im Bewusstsein der Menschen: Haus 12: öffentliche Feinde; Haus 11: Erfüllung der Wünsche und Erwartungen; Haus 9: Religion; Haus 8: Tod.

In den Häusern *unter dem Horizont* manifestiert sich das Schicksal unbewusst und unergründlich: Haus 6: geheime Feinde, Krankheiten, Unfälle usw.; Haus 5: unvorhergesehenes gutes Glück; Haus 3: Geschwister, Freunde; Haus 2: materielle Gewinne und Verluste. Wenn Geschwister und Freunde wegfallen, Armut eintritt, realisiert der Mensch erst, was er verloren hat!

Die beiden Bewegungen am Himmel

Stellen wir uns vor, dass wir an einem Winterabend um etwa 19 Uhr den Himmel in südöstlicher Richtung beobachten und den Mond hoch am Himmel sehen und direkt links (östlich) von ihm einen Stern. Um 1 Uhr nachts schauen wir nochmals und stellen fest, dass Mond und Stern *zusammen* einen großen Weg (im Uhrzeigersinn) nach rechts (nach Westen) zurückgelegt haben, während zur gleichen Zeit *nur* der Mond ein kleines bisschen nach links (gegen den Uhrzeigersinn) gerückt ist und inzwischen nicht mehr rechts, sondern direkt links von dem betreffenden Stern steht (s. Abbildung).

Die erste (große) Bewegung nennen wir die *primäre Tagesbewegung*. Sie wird verursacht durch die Drehung der Erde um ihre eigene Achse. Diese Umdrehung wird in 24 Stunden, einem Tag, einmal ganz vollendet.

Die zweite (kleine) Bewegung wird die *sekundäre* oder *zodiakale Bewegung* genannt und ist die Bewegung von Sonne, Mond und Planeten durch den Tierkreis oder Zodiak.

Die Bedeutung der Eckhäuser, folgenden Häuser und fallenden Häuser

- Die vier Eckhäuser I, IV, VII und X sind im hellenistischen System jeweils die Mitte oder das Zentrum (griechisch: *kéntron*) einer Gruppe von 3 Häusern: 12, **I**, 2. - 3, **IV**, 5 - 6, **VII**, 8 - 9, **X**, 11.

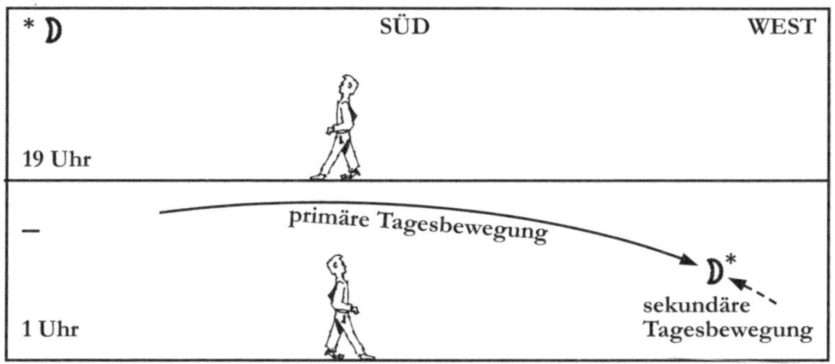

Abbildung 9: Die beiden Bewegungen am Himmel

Die Eckhäuser sind wie Scharniere, um die sich die beiden anderen Häuser drehen. Deshalb werden sie auch *kardinale* Häuser genannt (Latein: *cardo* = „Angelpunkt, Scharnier").

- In den *folgenden Häusern* (2, 5, 8, 11) bewegen sich die Planeten in der kleinen, sekundären (zodiakalen) Bewegung vom Eckhaus weg (gegen den Uhrzeigersinn), werden aber durch die große, *primäre* Tagesbewegung (im Uhrzeigersinn) wieder zu den Eckhäusern zurückgetragen. Deshalb nannten die Griechen diese Häuser *ep-aná-phora* („zum Ausgangspunkt zurückkehrend"). Die *folgenden* Häuser vertreten das, was der Geborene in der Außenwelt (in seinem eigenen Interesse) tut und erntet. Ein Beispiel: In Haus 2 sammelt der Geborene Materie, verdient Geld, damit er leben kann (Haus 1).
- In den *fallenden Häusern* (12, 3, 6, 9) bewegen die Planeten sich in der sekundären (zodiakalen) Bewegung in Richtung Eckhaus, werden aber durch die primäre Tagesbewegung vom Eckhaus weggetragen. Deshalb nannten die Griechen diese Häuser *apokliná* („wegführend"). Die fallenden Häuser vertreten das, was vom Geborenen weggenommen wird. Etwa: Durch Haus 6, das u. a. für Krankheit steht, wird dem Geborenen seine Gesundheit genommen.

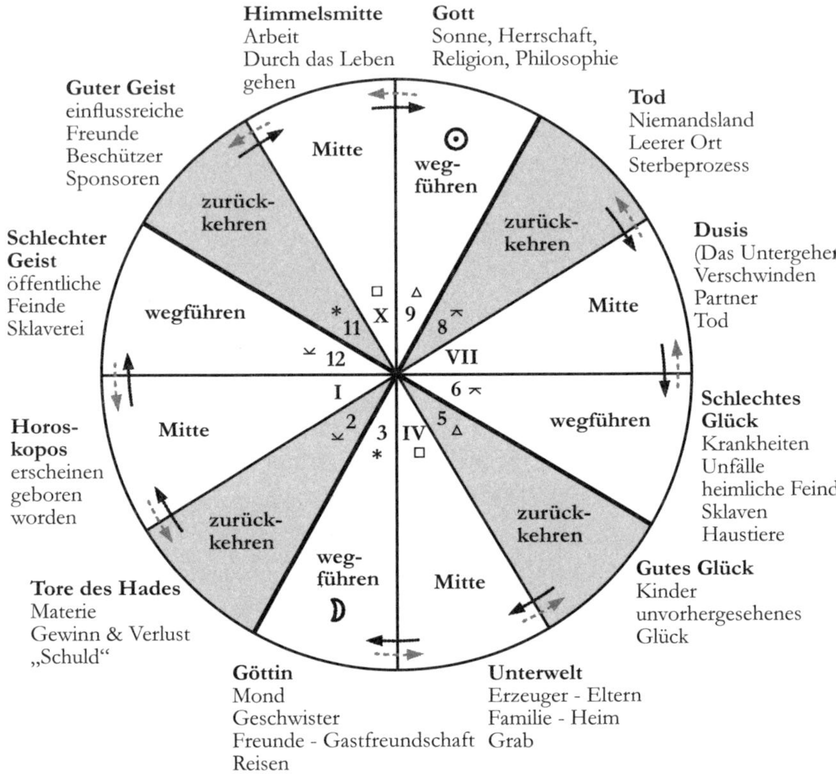

Abbildung 10: Die hellenistischen Häuser

Die vier Dreiergruppen

Kursiv geschrieben sind alle Häuserbedeutungen, die von den heutigen *Betrachtungsweisen abweichen!*

Gruppe 1

Haus I – Horoskopos, Ruder

(Eckhaus, Mitte)

- Erscheinen, geboren werden;

Der (die) Geborene: *Vita, corpus, ingenium* (Leben, Körper, Verstand), *Talente.* Im Gegensatz zur modernen Auffassung, dass der Geborene im *ganzen* Horoskop zu finden ist, geht die Tradition davon aus, dass nur das erste Haus, also der Aszendent und seine dazugehörenden Faktoren, den Geborenen vertreten. So zeigt das zweite Haus nicht den Geborenen selbst, sondern Situationen und Menschen, die ihm im Leben im Zusammenhang mit Geld und materiellen Werten begegnen werden. Das 7. Haus steht nicht für den Geborenen selbst, sondern für seine(n) Partner und seinen Umgang mit Partnerschaft, das 10. Haus steht nicht für seine Arbeit, sondern für Menschen und Situationen, die ihm in der Arbeits- und Berufswelt begegnen werden usw. Aus diesem Grund wurde in der Hellenistischen Astrologie nur das 1. Haus *Horoskopós* genannt! Der Begriff *horoskopós* setzt sich zusammen aus *hōra* (Stunde) und *skopós* („Zuschauer, Beobachter") und bedeutet so viel wie: „das, was die Stunde, die Zeit kennzeichnet".

Die Hellenistische Astrologie betrachtete das Leben gerne als eine Schifffahrt und nannte Haus 1 auch das *Ruder.* Der Planet, der Haus1 beherrscht, wurde der *Ruderer* genannt. Während in der modernen Astrologie die Talente meistens zum 2. Haus gerechnet werden, fallen diese in der Hellenistischen Astrologie als wesentlicher Bestandteil des Geborenen unter Haus I. Merkur hat in diesem Haus seine *Freude.*

Haus 2 – Tore des Hades

(folgendes Haus, zur Mitte (Haus 1) zurückkehrend)

- „Dunkles" Haus;
- Was man für Haus 1 (Leben, Lebensunterhalt) braucht:
- Materie, Existenzmittel, Besitz, Einkünfte und Ausgaben, Schulden.

Das 2. Haus, das für die Materie zuständig ist, gehört zu den „dunklen" Häusern (s. Kapitel 5*).* Es ist ein gefährliches Haus, denn Materie führt auf dieser Erde zu allem Leiden. (Das ist beispielsweise der Grundsatz des Buddhismus.) Allerdings ist Materie notwendig, denn erstens bestehen wir selbst aus Materie, zweitens sichert Materie uns unsere Existenz, unser Leben. Aber Gier führt dazu, dass Materie und Geld im menschlichen Leben eine zu hohe, ja alles beherrschende Priorität gewinnen können. Indem wir die Materie nicht gerecht verteilen, laden wir Schuld auf uns. Dass dieses Haus *Tore des Hades* genannt wurde, zeugt von großer Weisheit, denn schließlich müssen wir in unserer Todesstunde, wenn sich die Tore der Unterwelt für uns öffnen, alle Materie wieder hergeben. So verweist Haus 2 schon auf das gegenüberliegende 8. Haus des Todes.

Haus 12 – Schlechter Geist

(fallendes Haus, aus der Mitte (Haus 1) wegführend)

- „Dunkles“ Haus;
- „Das schlechte fallende Haus“;
- „Das, was Haus 1 behindert“;
- *Öffentliche Feinde* und gefährliche, wilde Tiere;
- *Sklaven und Sklaverei,* insbesondere das Risiko, selbst zum Sklaven zu werden;
- Gefahren, tödliche Verletzungen;
- *Gefährliche, weite Reisen.*

Wie Haus 2 gehört das 12. Haus zu den „dunklen“ Häusern. Es wird „schlechter Geist“ (griechisch: *daímōn*) genannt, weil es für den Geborenen lebensbedrohlich ist. So können in einem Krieg die Feinde ihn als Sklaven gefangen nehmen und wegführen. Aus diesem Grund steht das 12. Haus auch für gefährliche Reisen.

Die moderne, psychologisch orientierte Astrologie hat versucht, diesem Haus eine positive, esoterische Bedeutung zu geben, indem sie diesem Haus Transzendenz, Mystik usw. zuordnete. Dagegen fallen solche Erfahrungen in der Tradition grundsätzlich unter Haus 9. Saturn (Kronos) hat in diesem Haus seine *Freude.*

Gruppe 2

Haus X – Himmelsmitte, Was man tut

(Eckhaus, Mitte)

- „Durch das Leben gehen" („Wie 'geht' es dir?");
- Aktion, Beruf, Arbeit;
- Ruf, Rangordnung, Ehrung, Privilegien, Beförderung;
- *Partner und Partnerschaft;*
- *Kinder.*

Könige und Herrscher wurden erst im Mittelalter diesem Haus zugeordnet. In der hellenistischen Zeit fallen sie noch unter das 9. Haus. Dagegen ist nicht nur Haus 7, sondern auch 10 für Partnerschaft und Kinder zuständig, weil die Ehe und die Kinder, die daraus geboren werden, für das öffentliche Leben oft essentiell sind. Diese Themen werden im Mittelalter völlig aus Haus 10 ausgegrenzt und ausschließlich Haus 7 (Partnerschaft) und dem 5. Haus (Kinder) zugeordnet.

Haus 11 - Guter Geist

(folgendes Haus, zur Mitte (Haus 10) zurückkehrend)

- Das, was Haus 10 unterstützt:
- *Einflussreiche Freunde, Sponsoren, Netzwerke, Bündnisse;*
- Hoffnung, gute Aussichten.

Planeten im 11. Haus bewegen sich zodiakal vom 10. Haus weg, aber werden durch die primäre Tagesbewegung ins 10. Haus zurückgetragen. Der Geborene zieht in die Welt und sucht dort Unterstützung für seine Arbeit (Haus 10). Er sucht sich Schirmherren und Sponsoren. Aus diesem Grund werden nur die *einflussreichen* Freunde diesem Haus zugeordnet, während die intimeren Freunde, die man zu Hause empfängt und mit denen man ein Glas Wein trinkt, dem 3. Haus angehören.

Das 11. Haus wurde „guter Geist" (griechisch: *daímōn*) genannt und traditionell als äußerst günstig betrachtet!

Der große Wohltäter Jupiter (Zeus) hat dort seine *Freude.*

Haus 9 – Gott, Sonne (Helios)

(fallendes Haus, aus der Mitte (Haus 10) wegführend)

- Das „gute fallende Haus“;
- *Könige, Herrschaft;*
- Religion, Priester;
- *Träume und göttliche Erscheinungen;*
- Astrologie, (esoterische) Wissenschaften und Praktiken;
- Reisen, Horizonterweiterung im weitesten Sinne.

Im 9. Haus bewegen die Planeten sich zodiakal in Richtung Haus 10 und werden durch die primäre Tagesbewegung wieder aus Haus 10 ins 9. Haus zurückgetragen. Die Priester und Könige (Haus 9) klopfen bei dem Geborenen an und verlangen Opfer für die Götter und Steuern. Der Geborene reist zu einem Tempel oder Heiligtum, konsultiert ein Orakel, lässt sich von Priestern seine Träume erklären, lernt andere Sitten, andere Kulturen kennen und erweitert seinen Horizont in vielerlei Hinsicht.

Während das Mittelalter den Priester dem 9. Haus, und den König dem 10. Haus zuordnete, gehören diese hellenistisch beide zum 9. Haus, was irgendwie logisch ist, denn König und Hohepriester waren oft in einer Person vereinigt.

So wie das 3. Haus der Mondgöttin (Selene) gehört, gehört dieses Haus dem Sonnengott (Helios). Die Sonne hat im 9. Haus dann auch ihre *Freude*. Wegen seiner überwiegend positiven Bedeutung wird das 9. Haus auch „das gute fallende Haus“ genannt.

Gruppe 3

Haus VII – Anti-Horoskopos, Dusis (Untergehen)

(Eckhaus, Mitte)

- Partnerschaft und Ehe, *sexuelle Gemeinschaft* („der kleine Tod“;)
- *Tod!*

Dass der Tod unter Haus 7 fällt, wird dem modernen Astrologen merkwürdig vorkommen. Aber im Grunde ist diese Zuordnung nur logisch: Wenn wir die oppositionelle Bedeutungen von Haus 1 und Haus 7 betrachten, dann geht es bei dieser Opposition nicht nur um *Ich* (1) gegenüber *Du* (7), sondern auch um das *zum Vorschein kommen*, *Leben* und *Geburt* (1) gegenüber dem *Untergehen* (*„dýsis"*), *Sterben* und *Tod* (7). Wer sich in einen anderen Menschen verliebt und mit diesem Menschen eine Partnerschaft eingehen will, gibt sich hin. Nicht umsonst nennen viele Menschen ihren Partner „meine bessere Hälfte" und nicht umsonst wird der Orgasmus oft „der kleine Tod" genannt.

Die mittelalterlichen Astrologen verbannten die öffentlichen Feinde aus dem 12. Haus und schoben sie ins 7. Haus. Der Tod kam definitiv ins 8. Haus.

Haus 8 – Leerer Ort, Tod

(folgendes Haus, zur Mitte (Haus 7) zurückkehrend)

- „Dunkles" Haus;
- Tod, *Sterbeprozess;*
- Erbschaften und Vorteile aus dem Tode anderer Menschen.

Im 8. Haus entfernen sich die Planeten durch ihre zodiakale Bewegung vom 7. Haus, aber werden durch die primäre Tagesbewegung wieder ins 7. Haus zurückgetragen. Der Geborene versucht dem Untergang (7) zu entfliehen und im Licht zu bleiben, aber schließlich gelingt ihm das nicht und er wird sterben. Aus diesem Grund wurde Haus 8 viel eher mit dem Sterbeprozess als mit dem Tod selbst verbunden. Obwohl dieses Haus schon früh „tod" genannt wurde, erhielt es auch die Bezeichnung „leerer Ort", weil der Sterbeprozess als eine Art Niemandsland zwischen Leben und Tod aufgefasst werden kann.

Moderne Astrologen platzieren die Sexualität gerne in dieses Haus, aber diese gehört hellenistisch gesehen entschieden zum 7. Haus.

Haus 6 – Schlechtes Schicksal

(fallendes Haus, aus der Mitte (Haus 7) wegführend)

- „Dunkles“ Haus;
- „Das schlechte fallende Haus“;
- Alles, was dem Geborenen fehlt;
- *Unvorhergesehenes Unglück:*
- Physische Beschränkungen, Krankheiten, Verletzungen, Unfälle;
- Sklaven, Handwerker, Arbeitsgeräte, Haustiere *(auch die größeren);*
- *Heimliche Feinde und ihre Verschwörungen, Rache.*

Wie schon in Kapitel 5 erklärt, ist auch das 6. Haus ein „dunkles“ Haus, weil es lebensfeindlich ist. Die Gefahren sind oft nicht vorhersehbar; sie sind meistens nicht die Folge bewusster Handlungen, sondern kommen unerwartet. Das 6. Haus ist ja unter dem Horizont. Aus diesem Grund befinden sich auch die *heimlichen* Feinde in diesem Haus, während das Mittelalter sie aus unerklärlichem Grund ins 12. Haus (über dem Horizont) schob.

Weil der Mensch sich seiner physischen Beschränkungen (Haus 6) bewusst ist, versucht er, diese auszugleichen, indem er Sklaven, Handwerker, Geräte, Haustiere usw. zur Hilfe nimmt. Aus diesem Grund gehören diese ebenfalls ins 6. Haus. Übrigens hat das Mittelalter nur die kleineren Haustiere (bis zum Schaf) unter das 6. Haus fallen lassen. Größere Haustiere und wilde Tiere wurden dem 12. Haus zugeordnet. Erfahrene Stundenastrologen stellen fest, dass sich diese letzte Zuordnung immer wieder bestätigt. Im 6. Haus hat Mars seine F*reude*.

Gruppe 4

Haus IV – Unterwelt, Anti-Himmelsmitte

(Eckhaus, Mitte)

- Eltern, Ahnen;
- Haus und Herd; Boden und Grundstücke;
- Unterkunft in Haus, Gemeinde, Stadt, Heimat;

- Alte, mystische, verborgene Sachen;
- Beerdigung/Feuerbestattung, Grab.

Die späteren, mittelalterlichen Astrologen ordnen den Vater dem 4. Haus zu und versetzen die Mutter ins 10. Haus.

Haus 5 – Gutes Schicksal

(folgendes Haus, zur Mitte (Haus 4) zurückkehrend)

- Alles, was Haus 4 unterstützt:
- Kinder;
- *Unvorhergesehenes Glück*.

Das Schicksal, das hier gemeint ist, heißt auf griechisch *týchē*, das eigentlich „Zu-fall" bedeutet. Es gibt gute und schlechte *týchē*. Gute *týchē* fällt unter das 5. Haus; davon ist beispielsweise die Rede, wenn man in der Lotterie gewinnt. Schlechte *týchē* fällt unter das 6. Haus und tritt beispielsweise ein, wenn man einen Unfall hat. Beide Formen dieses Schicksals manifestieren sich nicht als Folge bewusster Handlungen und werden deshalb Häusern unter dem Horizont zugeordnet. Im 5. Haus hat Venus ihre *Freude*.

Haus 3 – Göttin, Mond (Selene)

(fallendes Haus, aus der Mitte (Haus 4) wegführend)

- *„Das gute fallende Haus"*;
- Geschwister, Verwandte;
- *Freunde* und *Gastfreundschaft*;
- Reisen (ziehen den Geborenen aus Haus 4).

Geschwister, Verwandte und in gewissem Sinne auch Freunde sind nicht die Folge bewusster Handlungen. Sie kommen zu dir auf dem Weg. Du bietest ihnen Gastfreundschaft an, aber sie verlassen dich auch wieder, nachdem sie deinen Wein und deine Speisen genossen haben. Wir erkennen hier das fallende Haus: Die sekundäre, zodiakale Bewegung symbolisiert den Besuch der Gäste, die primäre

Tagesbewegung ihre Abreise. Umgekehrt sind deine Gäste auch dazu verpflichtet, dir Gastfreundschaft anzubieten. Dazu machst du längere oder kürzere *Reisen.* Der Geschäftsmann, der unterwegs war, bevorzugte es, wenn möglich, die Nacht bei Verwandten oder Freunden zu verbringen.

Die Gastfreundschaft, die astrologisch eng mit dem 3. Haus verknüpft ist, hatte in der hellenistischen Kultur einen unglaublich hohen Stellenwert. Im Mittelalter, als diese Tatsache nicht mehr so richtig verstanden wurde, schob man die Freunde ins 11. Haus. Im 3. Haus platzierte man nur noch die *kurzen* Reisen, während die längeren Reisen dem 9. Haus zugeordnet wurden. Alle Formen der Kommunikation wurden erst später dem 3. Haus zugeordnet.

Die beiden Lichter am Himmel, der Sonnengott und die Mondgöttin, bekamen je ein eigenes Haus, die Sonne das 9. Haus und der Mond das 3. Haus. Im 3. Haus hat der Mond seine *Freude*, so wie im 9. Haus die Sonne ihre *Freude* hat (s. Kapitel 8).

Wegen seiner überwiegend positiven Bedeutungen wurde das 3. Haus „das gute fallende Haus“ genannt.

Fragen und Aufgaben zu Kapitel 16

1. Beschreiben Sie in eigenen Worten die beiden Bewegungen am Himmel.
2. Warum werden die Eckhäuser auch die „kardinalen“ Häuser genannt?
3. Warum werden die Häuser 2, 5, 8 und 11 die „zum Ausgangspunkt zurückkehrenden“ Häuser genannt?
4. Warum werden die Häuser 3, 6, 9 und 12 die „wegführenden“ Häuser genannt?
5. Welchen prinzipiellen Bedeutungsunterschied gibt es zwischen den Häusern über dem Horizont und den Häusern unter dem Horizont?

17. Hitler oder die frustrierte Liebe

Als ich das Manuskript dieses Buches fertig geschrieben hatte, habe ich es zwei mir vertrauten Astrologen zu lesen gegeben, mit der Bitte um ihre Meinung. Diese Kollegen und Freunde sind Elke Jurasszovich, die Kapitel 15 noch ergänzt und bereichert hat, und mein Schüler Dr. Thomas Scharmann. Letzterer meinte, dass ich unbedingt auch das Horoskop von Adolf Hitler in das Buch aufnehmen sollte, weil das seines Erachtens ein gutes Beispiel für ein Horoskop ist, das nach moderner Deutung nicht so deutlich ausfällt, während eine traditionelle Analyse viel deutlicher die großen Schwierigkeiten zeigt, die man ja auch erwartet.

Damit ich die Gesamtstruktur des Buches nicht groß ändern musste, habe ich mich entschlossen, dieses zusätzliche Kapitel zu schreiben. Ich bedanke mich bei Elke und Thomas für ihre substantiellen Vorschläge zu diesem Kapitel.

Thomas Scharmann hat recht: Wer Hitlers Horoskop beispielsweise mit Placidus-Häusern deutet und die Würden und Anti-Würden nicht beachtet, hat so seine Schwierigkeiten, den „bösen Hitler" zu entdecken. Schließlich stehen laut Placidus die meisten Planeten im starken 7. Haus und einige von ihnen bilden Trigone mit der Mond/Jupiter-Konjunktion.

Denjenigen, die sich dagegen das Geburtsbild mit Ganzzeichenhäusern ansehen und das System der Würden und der Sektion in die Analyse und Deutung mit einbeziehen, wird schnell deutlich, wie problematisch dieses Horoskop ist (Beispielshoroskop 11 – Ganzzeichenhäuser).

- In diesem Taghoroskop steht von den Tagplaneten nur Saturn akzidentell einigermaßen gut: über dem Horizont, im guten 11. Haus, in dem sich auch das MC befindet. Er steht zwar im Exil, aber auch in seinen Grenzen, was ihm eine gewisse Würde verleiht.
- Die anderen Tagplaneten Sonne, Jupiter und Merkur (oriental) stehen weniger gut bzw. schlecht: Sonne steht im 8. Haus peregrin, Jupiter unter dem Horizont im Fall. Merkur ist Tagplanet, steht unter dem Horizont und ist von der Sonne verbrannt. Allerdings hat Merkur eine gewisse Kraft, weil er direkt an einer Achse (Deszendent) steht. Dass Hitler ein begnadeter, aber auch höchst aggressiver Redner war, erklärt Merkur im Mars-Zeichen Widder und in den Grenzen von Mars. Der Einfluss eines essentiell und akzidentell sehr schlecht stehenden Mars – siehe weiter unten – erklärt zusätzlich, wie destruktiv Hitlers Reden waren.
- Auch zwei Fixsterne sollen hier erwähnt werden: Die Sonne steht in Konjunktion mit dem gewalttätigen, destruktiven *Sheratan* (Bēta Arietis, zur Zeit von Hitlers Geburt auf 2° Stier). Die Konjunktion von Saturn mit *Acubens* wird weiter unten noch angesprochen.
- Die drei Nachtplaneten haben bekanntlich eine schlechtere Ausgangsposition, weil sie sich im Taghoroskop außerhalb der Sektion befinden. Nur der Mond steht in der richtigen Hemisphäre, aber in seinem Exil. Venus und Mars stehen über dem Horizont in der falschen Hemisphäre und im ungünstigen 8. Haus. Ihre Rückläufigkeit schwächt Venus sehr. Mars steht im Exil und ist damit „ex conditione“. Beide Planeten sind in sehr ungünstigem Zustand.

Jupiter und Mond

Mond und Jupiter bilden Trigone zu Venus und Mars. Allerdings steht Jupiter im Fall und als Tagplanet unter dem Horizont. So zeigt sich hier deutlich, dass sich ein Wohltäter unter bestimmten Umständen in einen Übeltäter verwandeln oder im besten Fall völlig wirkungslos bleiben kann.

Jetzt zum Mond: Interessanter als das Trigon ist die Tatsache, dass der Mond mit beiden Planeten in gegenseitiger Rezeption steht: Mond in der Mars-Erhöhung und umgekehrt, Mond in der Venus-Triplizität und Venus in der Monderhöhung. Aber alle beteiligten Planeten stehen schlecht, wie wir gesehen haben, sodass diese Konstellation eher heißt: Der Lahme hilft dem Blinden. Einen Kontakt zwischen Mond und Venus, wobei beide schlecht gestellt sind, hat die traditionelle Astrologie, u. a. mit wechselnder Popularität, insbesondere bei Frauen in Verbindung gebracht. Mond-Marskontakte haben traditionell u. a. den Ruf, zu Selbstüberschätzung, Unbeständigkeit und Wutausbrüchen zu führen.

Obwohl eine Mond/Jupiter-Konjunktion im Allgemeinen als günstig betrachtet wurde, führt diese Konstellation in Hitlers Horoskop eher zu Hochmut und Anmaßung, weil beide in negativen Würden stehen.

Königin Venus und Soldat Saturn

Venus hat in Hitlers Horoskop eine Schlüsselposition: Der Liebesplanet ist der AC-Herrscher und (mit 26 Punkten!) auch der Almuten: die Königin, welche die Richtlinien bestimmen soll. Sie steht zwar im Domizil, ist aber rückläufig und wird von den beiden Übeltätern heftig angegriffen: Es gibt die sehr enge Konjunktion mit dem *ex conditione* stehenden Mars und das Quadrat zu Saturn, das noch verstärkt wird, weil Venus und Mars mit Saturn in der Antiszie stehen. „Was Mars anstellt, hält Saturn fest", besagt ein alter astrologischer Aphorismus.

Wie soll Königin Venus die Liebe walten lassen? Es geht in Hitlers Leben deutlich um frustrierte Liebe. Um Hitler herum herrschte eine Leere: Freunde hatte er nicht, und er hat keine Frau glücklich gemacht. Das wäre vielleicht anders gewesen, wenn Venus, wie bei Placidus, tatsächlich im 7. Haus stünde, aber laut GZH steht sie als Herrscherin von 8 im 8. Haus, wo die Liebe tödlich werden kann. Wie wir in Kapitel 16 sahen, wurde in der Hellenistischen Astrologie das 8. Haus auch das „leere Haus" genannt! Wegen seiner Unfähigkeit, persönliche Kontakte zu knüpfen, hat Hitler sein Liebesbedürfnis abstrahiert. So hat er eine Ehe mit Eva Braun bis kurz vor seinem Tod abgelehnt mit der absurden Begründung, er wolle „nur noch dem deutschen Volk" gehören und für seine „Aufgabe" auf privates Glück verzichten. Hier klingt weniger Opferbereitschaft als Angst durch, wofür Saturn zuständig ist.

Saturn ist der Horoskopherrscher, der Soldat, der dieser frustrierten Königin Venus dienen soll. Wie oben erwähnt, ist er von allen Planeten am besten gestellt und erklärt am ehesten Hitlers anfänglichen Erfolg. Saturn steht in Konjunktion mit dem MC, was traditionell heißt, dass der Geborene sich bemüht, als Autorität anerkannt zu werden und in der Außenwelt perfekte Leistungen zu vollbringen. Immer wieder wird betont, dass das Urteil über Hitler, falls er 1938 unerwartet gestorben wäre, relativ positiv hätte ausfallen können. Allerdings bemerkt Sebastian Haffner in seinem brillanten Essay *Anmerkungen zu Hitler*, dass Erfolge fast immer nur dort eintraten, wo der Widerstand gering war: „Immer stürzte er nur das Fallende, tötete er nur das schon Sterbende" – mit „der Witterung des Geiers."[34]

Zu beachten ist auch, dass Saturn in Konjunktion mit dem ungünstigen Fixstern *Acubens* (Alpha Cancri) steht, der mit Kriminalität, Lügen und Gift in Verbindung gebracht wird. Keine Frage: Hitler war kriminell, ein notorischer Lügner und benutzte zur „endgültigen Lösung der Judenfrage" das Gift Zyklon B.

---

[34] Sebastian Haffner. *Anmerkungen zu Hitler*. (München, 1981), S. 73.

Soldat Saturn hat zudem noch eine wichtige Aufgabe zu bewältigen. Bringen wir uns nochmals die nautische Metapher in Erinnerung, die in Kapitel 5 erklärt wurde: In der Hellenistischen Astrologie wird der AC-Herrscher „der Ruderer" und der Aszendent „das Ruder" genannt. Wichtig ist, dass der Ruderer das Ruder „sehen" kann. Das heißt, dass der Aszendenten-Herrscher einen Aspekt zum 1. Haus bilden soll. In Hitlers Horoskop ist das nicht der Fall, denn zwischen dem Zeichen Stier, in dem Venus sich befindet, und dem Aszendenten-Zeichen Waage beträgt der Abstand 150°. Beide sind in Aversion (s. Kapitel 5). Venus braucht also einen Vermittler zwischen sich und dem Aszendenten. Saturn kann diese Vermittlung zustande bringen, denn er bildet Aspekte sowohl mit Venus (Quadrat) als auch zum Aszendenten (Sextil). Das bedeutet aber auch, dass Hitler seine Venus nur sehr saturnisch zum Ausdruck bringen konnte.

Fazit

Nach traditionellen Maßstäben zeigt Hitlers Horoskop die sehr problematischen Seiten dieser Persönlichkeit und ist ein Musterbeispiel für die unzweideutige Klarheit, welche eine traditionelle Analyse und Deutung uns liefern kann. Allein die Dominanz der beiden Übeltäter sowie die geschwächte Stellung der beiden Wohltäter erklären schon die Gefährlichkeit dieses Menschen. Und zudem beweist die traditionelle Deutung mit ihren exakten Instrumenten der Feinbestimmung die tieferen Beweggründe einer Persönlichkeit.

18. Anhänge

Anhang 1: Antworten auf die Fragen

Antworten auf die Fragen in Kapitel 4

6. Von Placidus nach GZH ergeben sich in Obamas Horoskop folgende Änderungen: Jupiter: 12 →1; Mond: 4 →5; Venus: 5 →6; Sonne und Merkur: 6 →7; Neptun: 10 →9; Pluto: 7→8. Mars zieht nicht um, denn auch im Placidushoroskop gehört er schon zum 8. Haus, weil er weniger als 5° von der Spitze entfernt ist. Die Platzierung von Saturn und Uranus bleibt ebenfalls unverändert.

7. Obwohl es von Placidus nach GZH einige Schwächungen gibt (Mond nicht mehr in einem Eckhaus, Venus in 6), ist die Platzierung von Jupiter, Sonne und Merkur sehr viel stärker geworden. Sie ziehen aus fallenden Häusern mit einem schlechten Ruf (12, 6) in Eckhäuser um. Der Eindruck entsteht, dass das GZH-Horoskop viel mehr dem Geburtsbild eines charismatischen Führers entspricht als das Placidus-Horoskop. Obamas Radix wird später in diesem Buch noch zur Sprache kommen.

Antworten auf die Fragen in Kapitel 5

1. Es geht um Konjunktion, Sextil, Quadrat, Trigon und Opposition.
2. Applikative Aspekte werden noch exakt, separative Aspekte sind schon exakt gewesen.
3. Nur im 1. Haus („Horoskopós“)
4. Das sind die Häuser 12 und 2 (30° entfernt) und 6 und 8 (150° entfernt).
5. Nein, Mars und Jupiter bilden keine Konjunktion, denn obwohl sie nur 4° voneinander entfernt sind, stehen sie in verschiedenen Zeichen.
6. Ja, Mars und Sonne bilden eine Konjunktion, denn obwohl sie 26° voneinander entfernt sind, stehen sie im selben Zeichen.
7. Die Sonne bildet mit Mars und Saturn separative Konjunktionen; mit der schnelleren Venus bildet sie eine applikative Konjunktion, die aber erst im Zeichen Schütze zustande kommt.
   - Venus bildet mit Mars und Saturn separative Konjunktionen.
   - Mars bildet eine applikative Konjunktion zu Saturn.
8. Jupiter, Merkur und Mond sind mit den Planeten in Skorpion in Aversion. Jupiter und Merkur stehen in den Nachbarzeichen Waage und Schütze; das Zeichen Widder, in dem der Mond steht, ist 150° von Skorpion entfernt.
9. Ja, Herrscher von 1, Sonne, steht im Zeichen Skorpion, das in einem Quadratverhältnis zum AC-Zeichen Löwe steht.
10. Nein, Jupiter steht im Nachbarzeichen des AC-Zeichens und kann dieses Zeichen nicht „sehen“.
11. Der Planet, der sowohl einen Aspekt mit Jupiter als auch mit dem AC-Zeichen Fische bildet, ist Venus: Sie bildet ein (Zeichen-)Trigon mit Jupiter und ein sehr genaues Quadrat mit dem Fische-AC. Damit wird Venus in der Deutung dieses Horoskops wichtiger. Übrigens bildet auch Saturn Aspekte sowohl mit Jupiter (90°) als auch mit dem AC-Zeichen (120°), aber er

ist in diesem Horoskop deutlich schwächer gestellt als Venus. Er ist rückläufig und steht in einem fallenden Haus.
Venus und Sonne werden bald eine Antiszie bilden, und zwar wenn Venus auf 13° Zwillinge und die Sonne auf 17° Krebs steht. Das ist wichtig, weil die beiden keinen normalen Aspekt miteinander bilden. Der einzige Aspekt, den Sonne und Venus bilden können, ist die Konjunktion, wo Venus oft von der Sonne verbrannt wird. Die Antiszie ist hier eine schöne Verbindung zwischen den beiden Faktoren: eine Zusammenarbeit zwischen zwei Wohltätern!

Antworten auf die Fragen in Kapitel 6

1. Ein Nachthoroskop, denn obwohl Obamas Sonne in GZH-Haus 7 steht, steht sie unter der AC/DC-Achse.
2. Die Tagplaneten sind: Sonne, Jupiter und Saturn; die Nachtplaneten Mond, Venus und Mars.
3. Merkur ist Tagplanet, wenn er zodiakal vor der Sonne steht, sodass er morgens vor der Sonne aufgeht. Er ist Nachtplanet, wenn er zodiakal hinter der Sonne steht, sodass er abends nach der Sonne untergeht.
4. S. Text Kapitel 6.
5. Reykjavík-Bub: *Morgenstern*; Barack Obama: *Morgenstern;* Martin Luther: *Abendstern*; Hermann Hesse: *Morgenstern*; Elisabeth Kübler-Ross: *Abendstern*; Papst Benedikt XVI: *Morgenstern*; Prinzessin Diana: *Morgenstern.*
6. Im Horoskop von Hermann Hesse (Nr. 4) steht Merkur *in hayz*: als Tagplanet in einem Taghoroskop, über dem Horizont, im eigenen Domizil Zwillinge.
7. Im Horoskop von Elisabeth Kübler-Ross (Nr. 5) steht Saturn *ex conditione*: als Tagplanet in einem Nachthoroskop, über dem Horizont in einem weiblichen Zeichen. Im Horoskop von Prinzessin Diana (Nr. 7) steht Mars *ex conditione*: als Nachtplanet in einem Tageshoroskop, über dem Horizont, in einem weiblichen Zeichen. Allerdings steht Mars in seiner Triplizität und in einem Eckhaus relativ stark.
8. Luther: Venus steht zwar in einem *Eckhaus* stark und steht auch in ihrer *Sektion* (als Nachtplanet in einem Nachthoroskop). Aber sie befindet sich in ihrem Exil und unter den Strahlen der Sonne. Insbesondere schadet ihr die enge Konjunktion mit dem Übeltäter Saturn, der in Skorpion peregrin steht.
9. Benedikt XVI: Venus steht zwar in einem fallenden Haus (3) schwach, aber sie befindet sich in ihrem Domizil Stier. Auch steht sie in ihrer Sektion (als Nachtplanet in einem Nachtho-

roskop). Wäre sie über dem Horizont gestanden, hätte man ihr sogar das Prädikat *in hayz* verleihen können. Günstig für Venus ist auch, dass sie weder mit Mars noch mit Saturn Aspekte bildet! Dagegen gibt es ein Sextil zum Wohltäter und Horoskopherrscher Jupiter. In Kapitel 9 werden Sie lernen, dass diese Venus sich in der starken okzidentalen Sonnenphase C befindet. Insgesamt ist das damit eine sehr gute Venus.

Antworten auf die Fragen in Kapitel 7

2. Saturn (im Domizil Merkurs) und Merkur (in der Erhöhung Saturns).
3. Sie ist wichtig, weil es sonst keine Verbindungen zwischen Merkur und Saturn gibt.
4. Saturn ist peregrin, Merkur steht in der Triplizität.
5. Venus (im Domizil des Mondes) und Mond (in der Erhöhung von Venus).
6. Ja, Venus und Mond bilden ein Trigon. Damit wird die Verbindung noch stärker.
7. Nein, beide Paneten stehen peregrin, aber man kann sich vorstellen, dass Venus und Mond, beide kalt und feucht, im Element Wasser nicht wirklich schlecht stehen.
8. Nicht weniger als vier Würden: Domizil, Triplizität, Grenzen, Dekanat! Mars sitzt auf seinem Thron und wird damit äußerst stark!
9. Zwar steht Dispositor Mars gut in seinem Domizil Widder, aber leider bildet er keinen Aspekt zu Saturn (150°) und kann aus diesem Grund wenig für Saturn tun.

Antworten auf die Fragen in Kapitel 8

1. Merkur befindet sich in Phase G: oriental und stark. Er nähert sich allmählich der Sonne.
2. Venus befindet sich in der okzidentalen Phase C. Sie ist stark, weil sie gerade heliakisch aufgegangen ist.
3. Mars befindet sich am Ende der Phase C. Er ist oriental und ziemlich schwach, weil er sehr langsam ist (nur noch 23 Bogenminuten pro Tag) und kurz vor der Rückläufigkeit steht. Er wird auf 18° Fische rückläufig.
4. Jupiter befindet sich in Phase F, denn die Sonne hat die Opposition zu Jupiter schon hinter sich. Jupiter ist okzidental und schwach (weil rückläufig).
5. Saturn befindet sich in Phase D. Er hat gerade die erste Station hinter sich und ist erst vor zwei Tagen rückläufig geworden. Er ist schwach und oriental.
6. Nur in zwei Horoskopen stehen Planeten *in ihrer Freude*: In Horoskop 1b (Reykjavík-Bub) steht der Mond im 3. Haus, und in Horoskop 2b (Barack Obama) steht Saturn im 12. Haus.

Antworten auf die Fragen in Kapitel 9

1a) Nr. 1b (Reykjavík-Bub): Almuten **Merkur** (18 Punkte)

1b) Nr. 2b (Obama): Almuten **Saturn** (17 Punkte). (Merkur hat 16 Punkte.)

1c) Nr. 3 (Luther): Almuten **Mars** (29 Punkte!)

1d) Nr. 6 (Benedikt XVI): Almuten **Venus** (17 Punkte). (Mars und Saturn haben je 15 Punkte.)

1e) Nr. 7 (Diana): Almuten **Saturn** (15 Punkte). (Jupiter hat 14 Punkte.)

2) Weil nach klassischer Auffassung Haus 1 den Geborenen vertritt.

3) Luther hat seinen Aszendenten im Löwen; damit wird die Sonne zum Herrscher von 1 und zum ersten Kandidaten für die Horoskopherrschaft. Aber die Sonne steht im Skorpion peregrin. Sie steht zwar in einem Eckhaus stark, aber als Tagplanet in einem Nachthoroskop. Man könnte sich einen besseren Horoskopherrscher vorstellen.
   - Planeten im 1. Haus gibt es nicht.
   - Das AC-Zeichen Löwe kennt keinen Erhöhungsherrscher.
   - Jupiter ist der Triplizitätsherrscher des AC-Zeichens Löwe bei Nacht. Jupiter steht im Luftzeichen Waage peregrin und im 3. Haus (fallendes Haus) nicht besonders stark. Dieser steht zwar in einem Eckhaus, aber ist peregrin und rückläufig.
   - Der Dispositor des AC-Herrschers ist **Mars**, und mit ihm haben wir den richtigen Kandidaten gefunden! Mars ist auch Almuten und damit wird der König sein eigener Soldat! Mars steht nicht nur in seinem Domizil Skorpion, sondern auch in Triplizität, in seinen Grenzen *und* in seinem Dekanat. Ein Planet auf seinem Thron! Zudem steht er im starken Eckhaus.

4) Als Nachtplanet steht er in seiner Sektion, obwohl nicht in seiner Hemisphäre. Auch befindet er sich in der starken orientalen Sonnenphase C. Die Wahl fällt auch deshalb zugunsten

von Mars aus, weil mit Ausnahme von Jupiter und Merkur alle antiken Planeten unter seiner Herrschaft stehen: Er ist nicht nur Dispositor der beiden Lichter Sonne und Mond, sondern auch von Venus und Saturn! Interessant ist, dass dieser Mars auch Herrscher des 9. Hauses ist, das u. a. für die Religion zuständig ist. Weil Mars so gut steht, kann der Widder-Mond im 9. Haus auch einige hervorragende Widdereigenschaften wie Offenheit und Kampflust entwickeln. Sein Skorpion-Mars machte Luther zu einem Kämpfer für die Neuordnung der Werte, zu einem Chirurgen, der unbarmherzig (ohne vorherige Anästhesie!) die Auswüchse der katholischen Kirche unters Messer nahm. So betonte er in einer seiner Predigten, dass der Glaube an Gott erst wertvoll werde, nachdem der Mensch mit Ihm (Gott) *gekämpft* und Ihn *besiegt* (!) habe! Luther war auch der erste Geistliche innerhalb der Kirche, der offen gestand, dass Sex (Mars) nicht nur der Fortpflanzung dient, sondern auch Spaß machen kann. Zum Schluss dieser Kurzdeutung: Obwohl der Mond im Widder mit seinem Dispositor Mars in Skorpion nicht in Verbindung steht, bekommt auch er einen skorpionischen Touch durch seine enge applikative Opposition zu Pluto.

- Der Dispositor von Sonne und Mond ist ebenfalls Mars.
- Der MC-Herrscher Venus (MC in Stier) steht im Exil.
- Der einzige Planet, den wir noch nicht betrachtet haben, Merkur, steht ebenfalls im Exil.

4a) Barack Obama: Zweifellos ist die **Sonne** der Horoskopherrscher. Sie steht in ihrem Domizil in einem Eckhaus. Sie steht zwar als Tagplanet in einem Nachthoroskop, aber in ihrer Hemisphäre (unter dem Horizont). Wenn Jupiter (in Triplizität, in Haus 1) nicht rückläufig wäre, wäre auch er ein guter Kandidat gewesen!

4b) Papst Benedikt XVI: Dieses Horoskop hat drei Planeten in großer Würde: Die beiden Wohltäter Jupiter und Venus stehen in

Domizil, und die Sonne befindet sich in ihrer Erhöhung. Klar ist, dass sich vor allem **Jupiter** als AC-Herrscher im starken Haus 1, dominierend am AC, als Horoskopherrscher eignet. Zwar steht er als Tagplanet in einem Nachthoroskop, aber in seiner Hemisphäre (unter dem Horizont).

5a) Barack Obama: Die **Sonne** als Horoskopherrscher passt gut zu dieser charismatischen Führungspersönlichkeit. Dass Obama zudem ein ausgezeichneter Redner ist, zeigt sich im Horoskop ebenfalls deutlich: Die Sonne bildet eine Konjunktion mit Merkur, und beide bilden ein Sextil zum Mond (das Volk!). Uranus in Zeichenkonjunktion mit Sonne und Merkur schenkt Obama Originalität, eine äußerst schnelle Auffassungsgabe und macht sein Denken und Reden luzide und unkonventionell.

b) Papst Benedikt XVI: **Jupiter** ist der Planet der Religion und ist damit der zu einem Papst passende Horoskopherrscher. Dass Benedikt XVI ein überzeugter und frommer Christ ist, wird zweifellos niemand bestreiten. Das Sextil zwischen Jupiter und der in ihrem Domizil stehenden Venus ist auch eine Garantie für Liebe und Caritas. Mit Benedikts Konservatismus haben viele allerdings große Probleme. Dieser Konservatismus lässt sich im Horoskop aus dem in Haus 10 dominierenden und rückläufigen Saturn erklären, dessen Dispositor Jupiter im Quadrat zu ihm steht. Auch der in Haus 1 stehende Merkur, in den Fischen im Exil, bildet dieses Quadrat zu Saturn: Benedikts Äußerungen sind nicht immer von Diplomatie getragen, wie z. B. jene über den Islam.

Antworten auf die Fragen in Kapitel 10

1. Temperament Barack Obama:

Temperament-Faktoren	chol.	melan.	sang.	phlegm.
1. AC-Zeichen = Wassermann			x	
2. H1 = Saturn		x		
3. Dispositor H1 = fällt aus				
4. Mondzeichen = Zwillinge			x	
5. Disp. Mond = Merkur		x		
6. Mondphase 4				x
7. Sonnenjahreszeit = Sommer	x			
8. Horoskopherrscher = Sonne	x			
9. Zeichen des Hh. = Löwe	x			
Total	**3**	**2**	**2**	**1**

In Obamas Horoskop gibt es eine ziemlich gleichmäßige Verteilung der Temperamentsfaktoren. Im Grunde entspricht dieses Gleichgewicht dem klassischen Ideal! In der leichten Betonung des *cholerischen Temperaments* liegt vielleicht Obamas berühmte Siegesparole im Wahlkampf *„Yes we can!"* begründet.

2. Das Temperament des Papstes Benedikt XVI ist eine Mischung aus sanguinisch und phlegmatisch:

Temperament-Faktoren	chol.	melan.	sang.	phlegm.
1. AC in Fische				x
2. H1 = Jupiter			x	
3. Dispositor H1 = fällt aus				
4. Mondzeichen = Waage			x	
5. Disp. Mond = Venus				x
6. Mondphase Nr. 2	x			
7. Sonnenjahreszeit = Frühling			x	
8. Horoskopherrscher = Jupiter			x	
9. Zeichen des Hh. = Fische				x
Total	**1**	**0**	**4**	**3**

Antworten auf die Fragen in Kapitel 11

1. Formel Lospunkt *Ehe der Frau*: AC + Saturn - Venus.
   In Dianas Horoskop:

- Aszendent auf 18° Schütze = 240 + 18 = 258
- Saturn auf 28° Steinbock = 270 + 28 = 298
- Venus auf 24° Stier = 30 + 24 = 54

   Formel: 258 + 298 - 54 = 502 - 360 = 142 = 22° Löwe (in enger Konjunktion mit Uranus).

2. In Hesses Horoskop steht das MC (20° Waage) in Konjunktion zu/mit Spica (zur Zeit seiner Geburt auf 22° Waage).

Antworten auf die Fragen in Kapitel 15

1. Solardaten: 15.4.2005, 0.28 GMT, Rom. Aszendent auf 19°47' Steinbock.
2. Der AC-Herrscher ist Saturn, der auf 18° Krebs sehr dominierend direkt am Deszendenten steht. Bekannt ist, dass Ratzinger sich die Wahl zum Papst selbst nicht gewünscht hat: Saturn (Pflicht) im Exil in Opposition zum Aszendenten! Bei der Bewältigung seiner Aufgaben wird ihm in diesem Jahr Saturns Dispositor Mond geholfen haben. Der Mond steht in Krebs in seinem Domizil und in diesem Solar empfängt er Saturn.
3. Transit-Saturn betrat das Zeichen Steinbock zum ersten Mal im Februar 1988, wurde rückläufig und kehrte für kurze Zeit wieder in Schütze zurück, bevor er im November 1988 definitiv ins Zeichen Steinbock eintrat. Seine Konjunktion mit Radix-Saturn fand statt am 28.1.1991. Schon eine Woche später, am 6.2.1991, trat er definitiv ins Zeichen Wassermann ein. In der Zeit 1988 bis 1991 zerbröckelte Dianas Ehe. Diana begann, nach neuen Wegen zu suchen, um aus der Sackgasse zu kommen. Weil Saturn auch Herrscher des 3. Hauses ist, wollte sie über ihre Probleme kommunizieren, und sie fing an, Kontakt mit den Medien zu suchen oder wenigstens über derartige Kontakte nachzudenken. Saturn ist auch Herrscher des 2. Hauses. Inwiefern während dieser Periode auch Themen dieses Hauses eine verstärkte Rolle gespielt haben, vermag ich nicht zu sagen.

Antworten auf die Fragen in Kapitel 16

Alle Antworten finden Sie im Text.

Anhang 2: Bibliographie (Auswahl)

Historische Werke der traditionellen Astrologie

Vettius Valens, *The Anthology Book IV*. Translated by Robert Schmidt. Edited by Robert Hand. Project Hindsight. Greek Track Volume XI.2. Dieses Werk ist unsere wichtigste Quelle für die Hellenistische Astrologie.

Ptolemäus, *Tetrabiblos* (geschrieben im 2. Jahrhundert n. Chr.). Ich benutze eine deutsche Ausgabe nach einer Edition aus dem Jahre 1553, besorgt durch Luthers Freund Philipp Melanchthon.

Claude Dariot, *Introduction au jugement des astres* (Lyon 1558). Ein sehr gut aufgebautes Lehrbuch, womit Dariot zu Recht viel Erfolg hatte. Dieses Buch kann man gratis aus dem Internet herunterladen: http://www.astrologiamedieval.com/tabelas/Claude_Dariot_ L'intro-duction_au_jugement_des_astres.pdf.

Jean-Baptiste Morin de Villefranche, *Astrologia Gallica, Buch XXI (AG* erschien posthum im Jahre 1661 in Den Haag (NL)). Von Buch XXI gibt es eine deutsche Übersetzung, die ich benutzt habe (Chiron Verlag, 2005, 2. Auflage).

William Lilly, *Christian Astrology* (1647). Erhältlich in verschiedenen Ausgaben. Ich benutze immer eine schöne Faksimile-Ausgabe. Die deutsche Übersetzung, *Christliche Astrologie,* erschien im Chiron Verlag, Tübingen 2007 (Buch 1 und Buch 2) und 2008 (Buch 3).

Werke unserer Zeit

Rafael Gil Brand, *Lehrbuch der klassischen Astrologie* (Tübingen, 2. Auflage, 2006). Im deutschsprachigen Raum einfach *das* zeitgemäße Werk zur traditionellen Astrologie! Eine wahre Fundgrube! In diesem Buch findet man auch alle weiterführende Literatur und eine Auflistung der klassischen Quellen. Trotz des Titels ist es allerdings kein richtiges Lehrbuch, sondern ein (sehr wertvolles) Nachschlagewerk.

Deborah Houlding, *Die astrologischen Häuser – Tempel der Planeten* (Tübingen 2012). Eines der besten Bücher, das je über die astrologischen Häuser geschrieben wurde. Die Autorin stellt die Tradition in den Mittelpunkt.

Robert Hand, *Traditionelle Astrologie – Ganzzeichenhäuser, Tag- und Nachthoroskope* (Tübingen 2007). Zu den Themen Tag- und Nachthoroskope und Ganzzeichenhäuser. Höchst interessant für die Kollegen, die sich über diese Themen weiter informieren möchten. Als Zugabe am Ende des Buches: Robert Hands wegweisender Vortrag *Auf dem Weg zu einer post-modernen Astrologie* (York 2005), aus dem ich in diesem Buch mehrmals zitiere. Sehr empfehlenswert!

Martien Hermes, *Die Lebenslinie im Horoskop – Erkennen Sie ihre wichtigsten Lebensperioden und Ziele mit der klassischen Astrologie* (Tübingen 2013). Ein fundiertes Lehrbuch zur Methode der zodiakalen Aphesis.

Sue Ward, *Das Fundament der Astrologie. Wie die alten Herrscher und die neuen Planeten zu ihrer Bedeutung kamen* (Tübingen 2011). Die Autorin plädiert für die klassischen Herrscher und leitet dies überzeugend aus der Genesis ab.

Michael Uhle, *Die Fixsterne: Ihre Bedeutung in der Astrologie* (Nachdruck der Ausgabe aus dem Jahre 1927, Tübingen 2007). Es handelt sich um die Neuauflage eines älteren Buches, sodass jetzt erfreulicherweise wieder ein deutschsprachiges Werk zu den Fixsternen zur Verfügung steht.

Renzo Baldini, *Die arabischen Punkte. Ihre Anwendung in der modernen Astrologie* (Tübingen 2008). Das beste Werk zu diesem Thema, mit einer interessanten Einführung des Übersetzers Christoph Schubert-Weller.

Erik van Slooten, *Klassische Stundenastrologie. Ein Lehrgang zum Selbststudium* (Tübingen 2008).

Erik van Slooten, *Der klassische Tierkreis und seine Bewohner. Das kosmische Netzwerk von Sonne, Mond und den Planeten* (Tübingen 2009). In diesem Buch erkläre ich Laien und modernen, eher psychologisch orientierten Kollegen, wie traditionell der Tierkreis und die sich darin befindenden Planeten betrachtet werden. Aufmerksamkeit schenke ich auch den astronomischen Konstellationen am Himmel und ihren Verbindungen zur griechischen Mythologie. Als Zugabe bringe ich eine astrologische Deutung von Albrecht Dürers berühmtem Kupferstich *Melencolia I* von 1514.

Bernhard Bergbauer, *Der Geburtsherrscher im Horoskop* (Tübingen 2008). Interessante Lektüre. Stellt den Geburtsherrscher in einen Bezug zur mittelalterlichen Engellehre.

Artikel im Internet

Martien Hermes, *Lospunkte in der Hellenistischen Astrologie* (in: Website ATA: www.stundenastrologie.de, unter *Grundlagen der Astrologie)*

Elke Jurasszovich, *Was ist Hellenistische Astrologie?* (in: Website ATA: www.stundenastrologie.de, unter *Grundlagen der Astrologie)*

Robert Hand, *Firdaria, Alfirdaria or Alfidaries* (in: http://www.arhatmedia.com/journal/firdar.shtml.)

Geschichte und Philosophie

Kocku von Stuckrad, *Geschichte der Astrologie. Von den Anfängen bis zur Gegenwart* (München 2003). Ein sehr lesenswertes und gut dokumentiertes Werk.

Lars Steen Larsen, Erik Michael, Per Klaergaard Rasmussen, *Astrologie. Von Babylon zur Urknall-Theorie* (Wien 2000).

Klaus Held, *Treffpunkt Platon. Philosophischer Reiseführer durch die Länder des Mittelmeers* (Reclam 2001). Nach meinem *Geschmack* eines der schönsten Bücher zur klassischen Philosophie!

Hat der Mensch einen freien Willen? Die Antworten der großen Philosophen (Reclams Universalbibliothek Nr. 18521). Eine nützliche und handliche Zusammenfassung dieses komplizierten philosophischen Themas.

Websites

- Website Hindsight-Projekt: www-projecthindsight.com
- Website ATA (Arbeitskreis Traditionelle Astrologie): www.stundenastrologie.de

Anhang 3: Beispielhoroskope

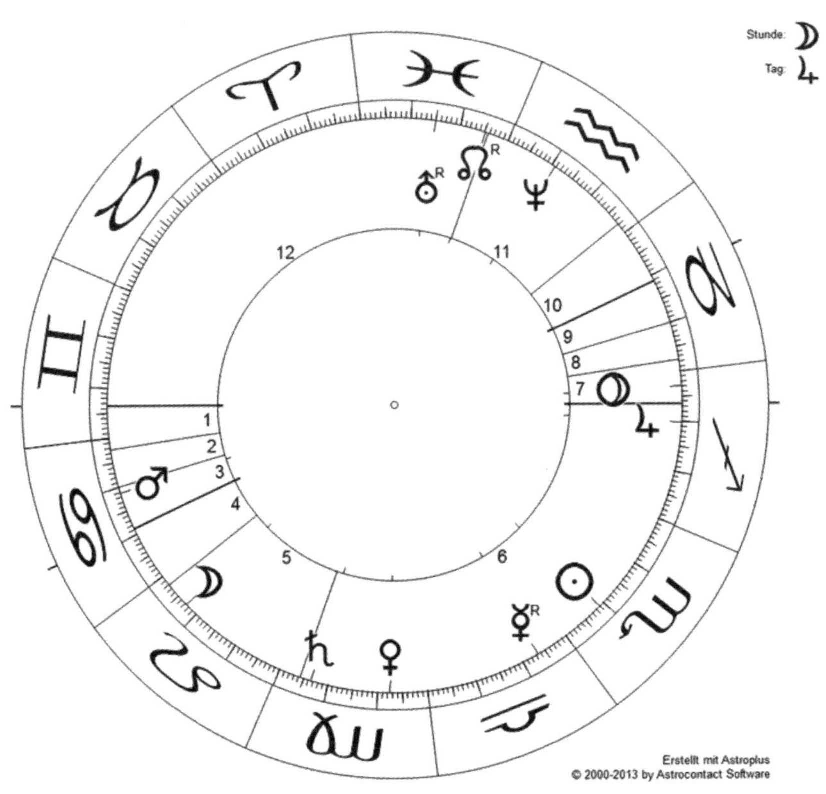

1a. Reykjavík-Bub (Placidus)
1. 11. 2007, 18.06 GMT, Reykjavík (21W51; 64N09)
AC: 23°30' Zwillinge
GZQ: Persönliche Angabe der Eltern

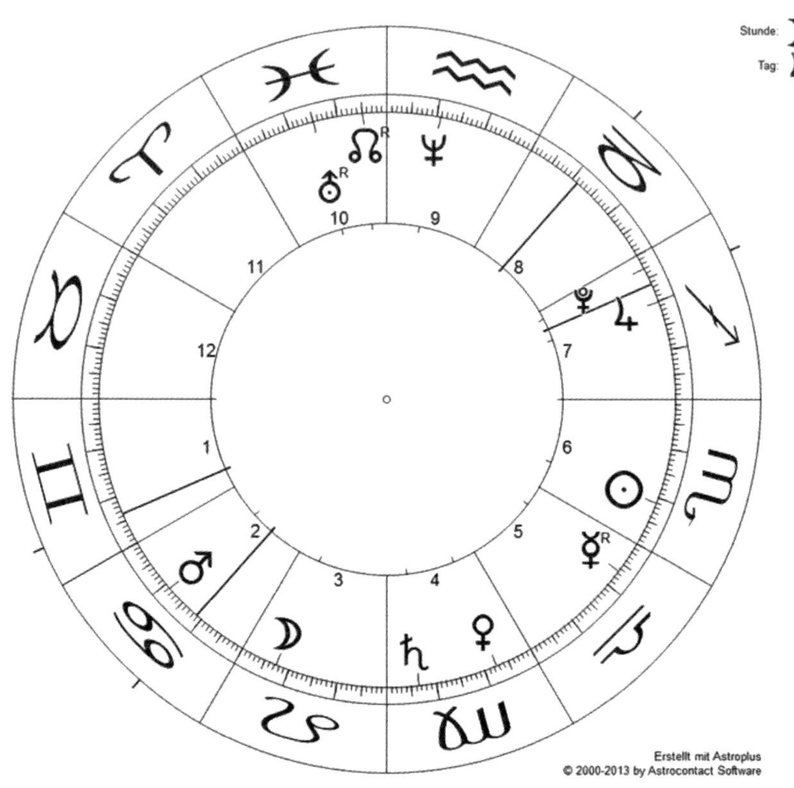

1b. Reykjavík-Bub (GZH)
1. 11. 2007, 18.06 GMT, Reykjavík (21W51; 64N09)
AC: 23°30' Zwillinge
GZQ: Persönliche Angabe der Eltern

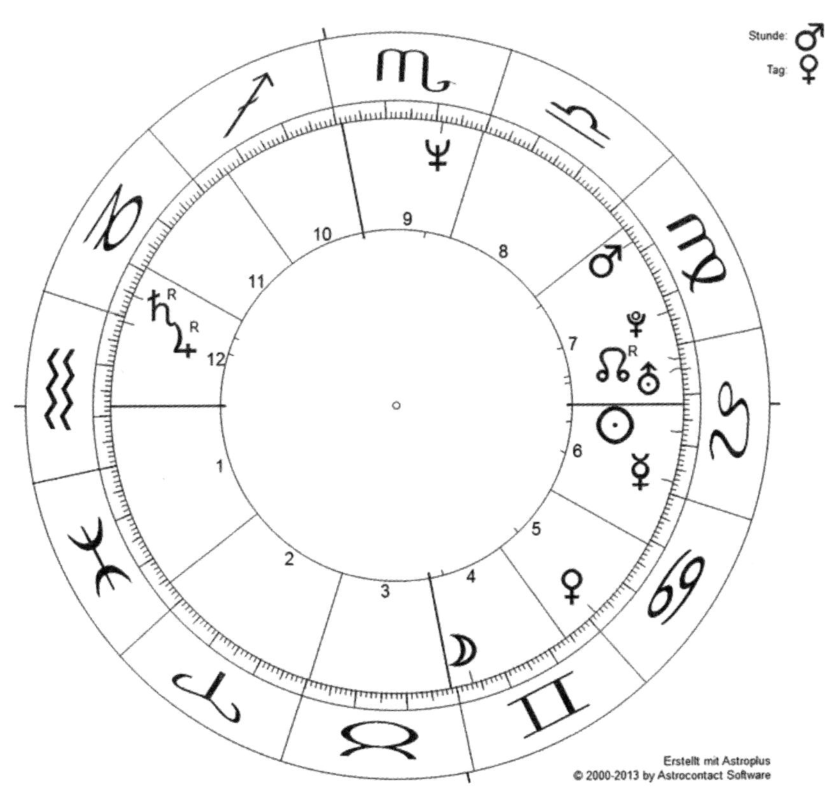

2a. Barack Obama (Placidus)
4. 8. 1961, 19.24 AHST (5.24 GMT), Honolulu (157W51; 21N18)
AC: 18°04' Wassermann
GZQ: www.barackobama.com (Geburtsurkunde – Standesamt)

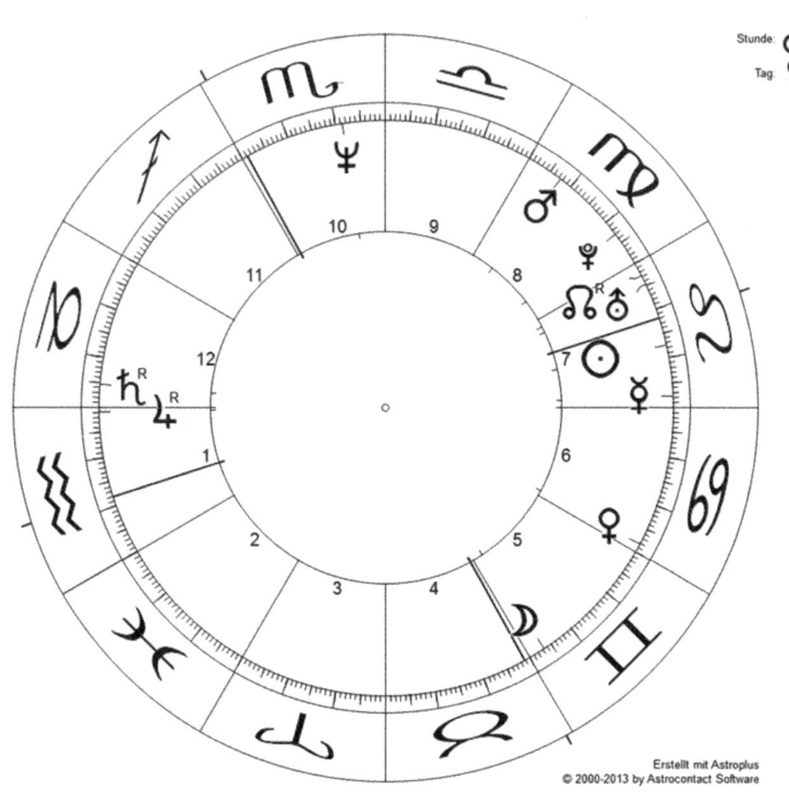

2b. Barack Obama (GZH)
4. 8. 1961, 19.24 AHST (5.24 GMT), Honolulu (157W51; 21N18)
AC: 18°04' Wassermann
GZQ: www.barackobama.com (Geburtsurkunde – Standesamt)

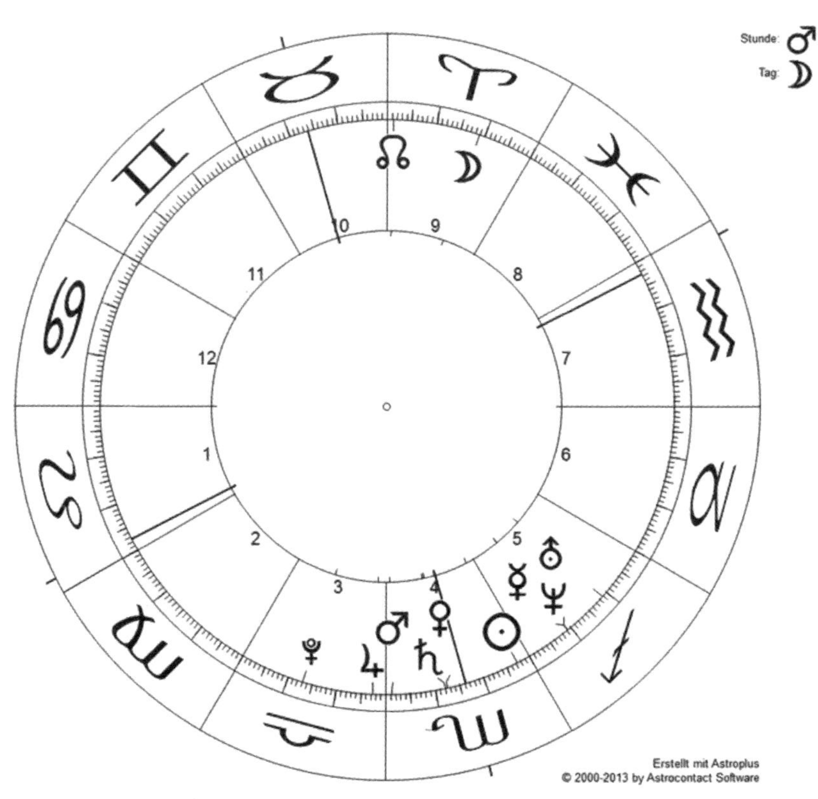

3. Martin Luther (GZH)
10. 11. 1483, 23.00 LMT (22.14 GMT), Eisleben (11E32; 51N32)
AC: 27°21' Löwe
GZQ: IHL, Band 2, S. 974. Gruppe 2 (Angabe der Mutter)

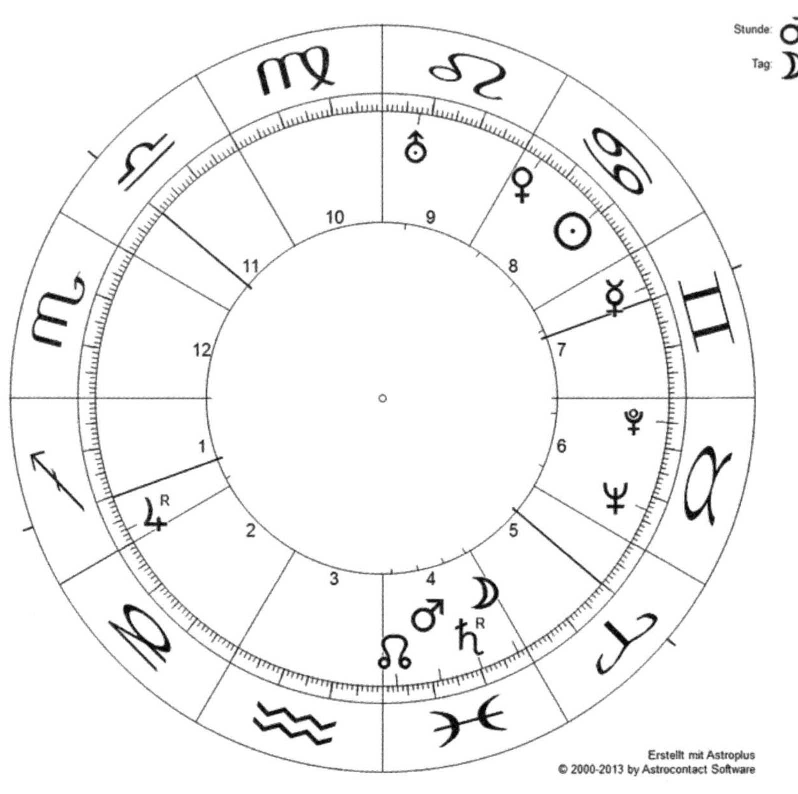

4. Hermann Hesse (GZH)
2. 7.1877, 18.30 LMT (17.55 GMT), Calw (8E45;48N43)
AC: 20°11' Schütze)
GZQ: IHL, Band 2, S. 743. Gruppe 2 (Biografie)

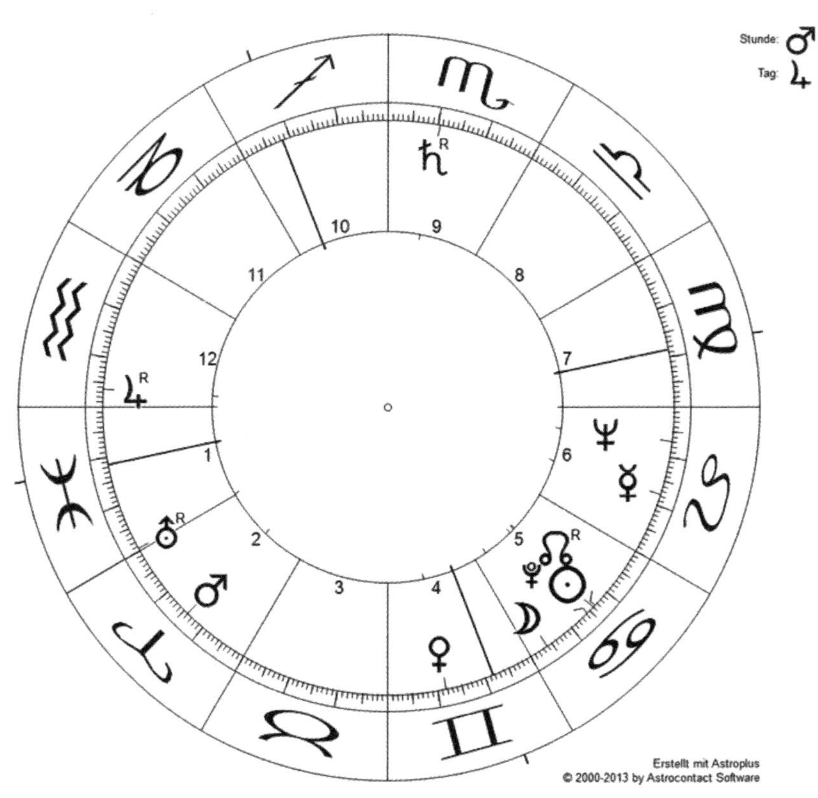

5. Elisabeth Kübler-Ross (GZH)
8. 7. 1926, 22.45 MEZ, Zürich (8E32; 47N22)
AC: 11°28' Fische
GZQ: IHL Band 2, S. 881. Gruppe 2 (Autobiografie)

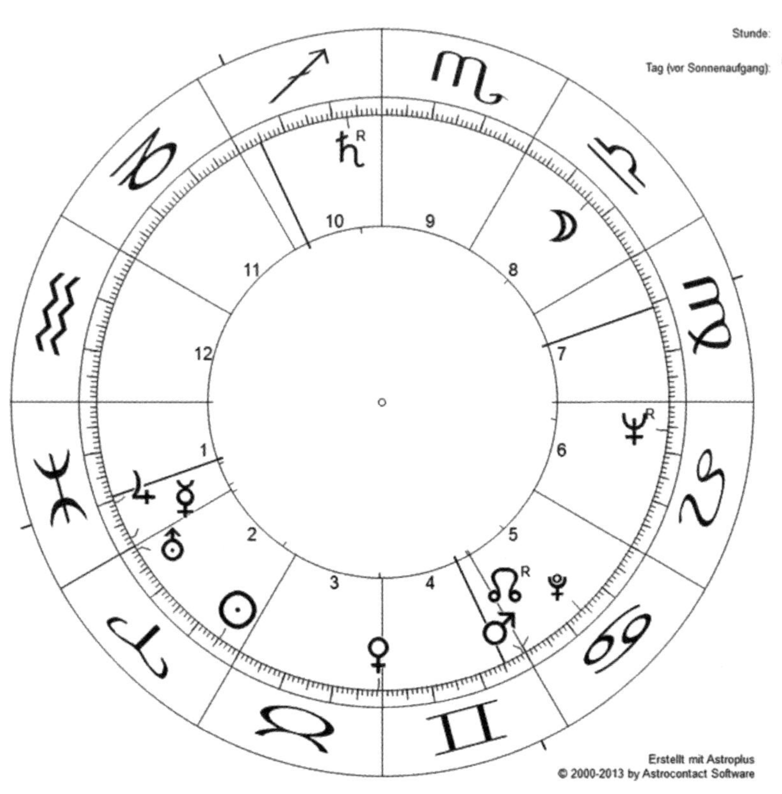

6. Papst Benedikt XVI (GZH)
(Joseph Ratzinger)
16. 4. 1927, 4.15 MEZ, Marktl am Inn (12E51; 48N15)
AC: 19°12' Fische
GZQ: IHL, Band 4, S. 311. Gruppe 1 (Standesamt)

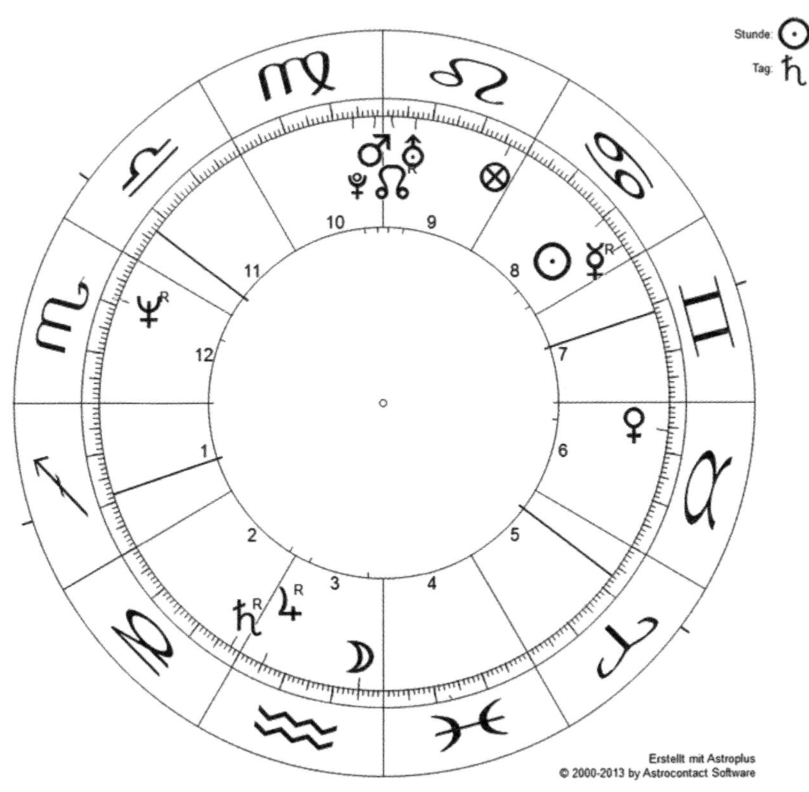

7. Prinzessin Diana (GZH)
1. 7. 1961, 19.45 WET/S, 18.45 GMT, Sandringham (0E30; 52N50)
AC: 18°24' Schütze
GZQ: IHL, Band 1, S. 407. Gruppe 2 (Angabe der Mutter)

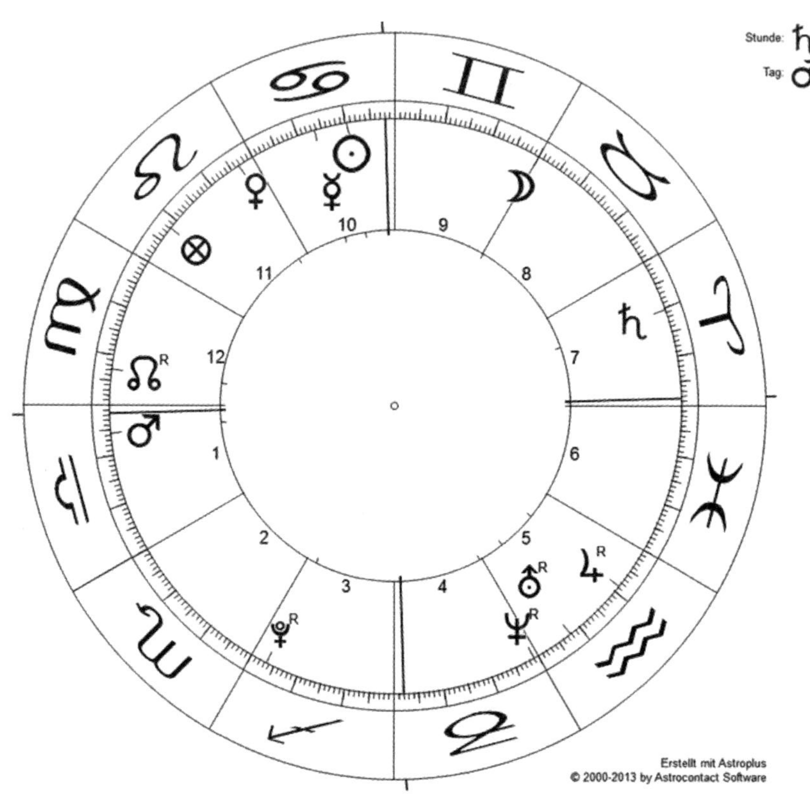

8. Todes-Solar Prinzessin Diana (GZH)
1. 7. 1997, 11.31 GMT, London
AC: 1°31' Waage

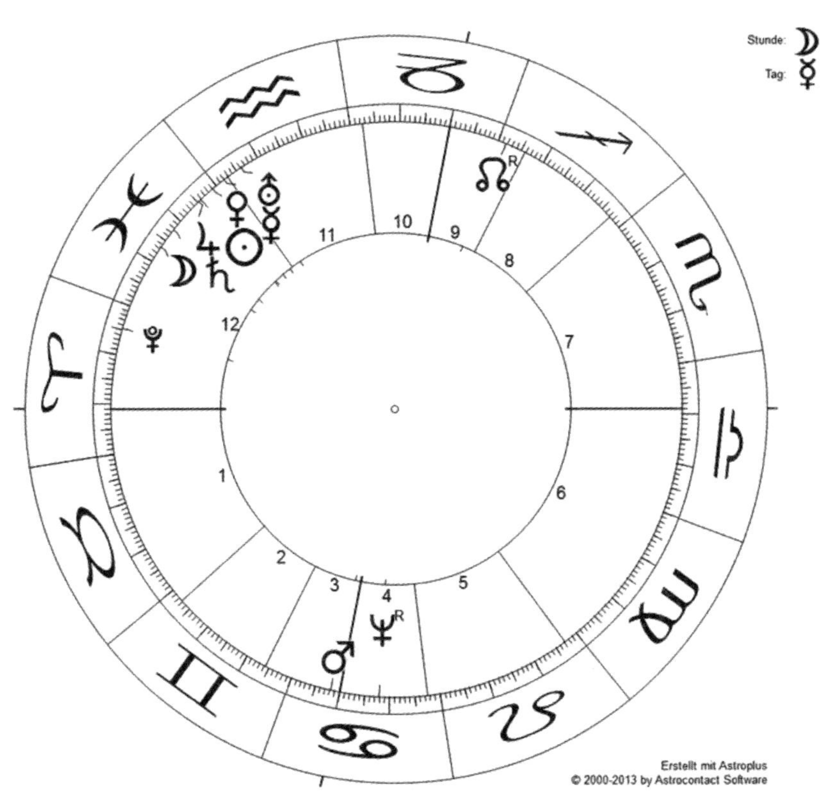

9. Jean-Baptiste Morin (Regiomontanus)
23. 2. 1583, 8.33 LMT, Villefranche (4E53; 45N59)
AC: 20°58' Widder
GZQ: *Astrologia Gallica*, Buch XXI (autobiografisch)

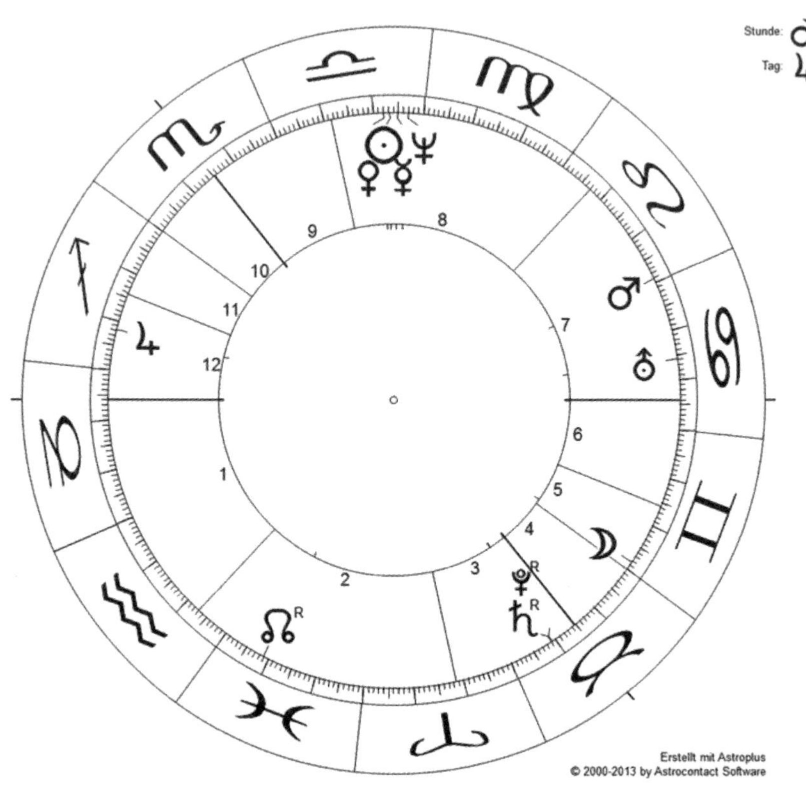

10. Englischer Kaufmann (Regiomontanus)
29. 9. 1616, 14.14 LMT auf 53°N
AC: 6°37' Steinbock

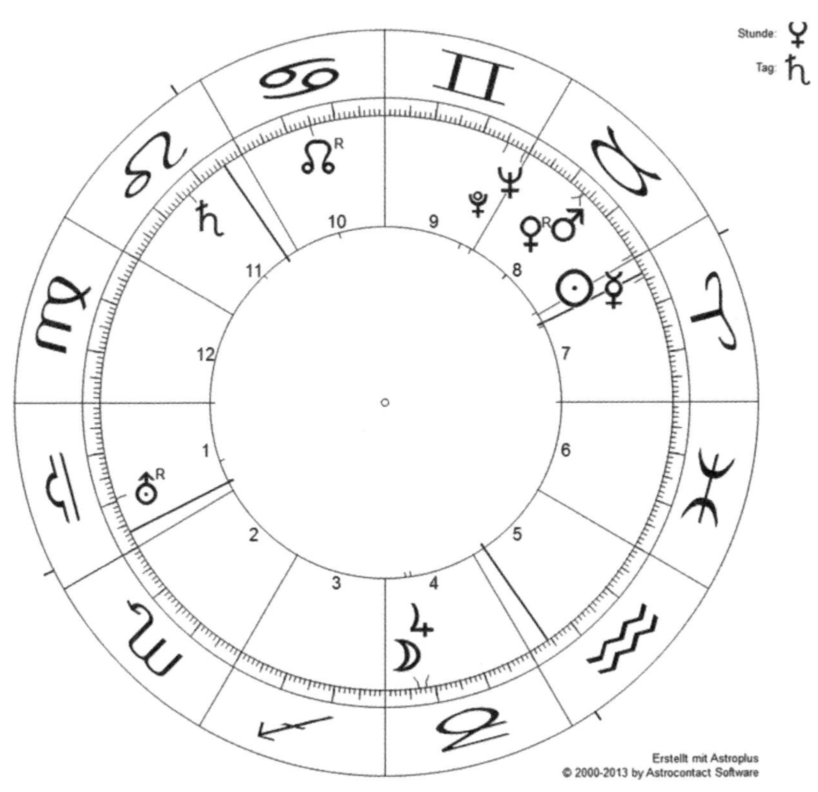

11. Adolf Hitler (GZH)
20. 4. 1889, 18.30 LMT, Braunau am Inn/A (13E03; 48N15)
AC: 26°41' Waage
GZQ: IHL, Band 2, S. 751. Gruppe 1

Der Autor

Erik van Slooten, geboren am 28. 7. 1942, 18.10 MEZ/S in Eindhoven NL (Sonne in Löwe, Aszendent in Schütze, Mond in Wassermann); der bekannte Spezialist für traditionelle (vor allem Hellenistische) Radix- und Stundenastrologie, gibt Vorträge und Seminare in allen großen europäischen Städten zwischen Hamburg und Palermo. Van Slooten ist Autor der Bücher *Lehrbuch der Stundenastrologie* (2. Auflage, 2004), das auch in Italien und in Tschechien erschien, und *Stundenastrologie in der Praxis* (2001). *Klassische Horoskopdeutung* (2005) erschien auch in den Niederlanden und Polen. Weil die beiden ersten stundenastrologischen Bücher vergriffen sind, veröffentlichte er 2008 sein neues Werk *Klassische Stundenastrologie. Ein Lehrgang zum Selbststudium.* Ende 2009 erschien *Der klassische Tierkreis und seine Bewohner. Das kosmische Netzwerk von Sonne, Mond und Planeten.* 2011 folgte *Die Mondphase der Geburt,* eine Übersetzung und Modernisierung eines Buches seines Vaters Jacob van Slooten aus dem Jahre 1950. Alle Bücher erschienen im Chiron Verlag, Tübingen.

Van Slooten war viele Jahre im Vorstand des Deutschen Astrologenverbandes (DAV) tätig und ist Dozent für klassische Astrologie an Italiens nationaler Astrologieschule CIDA. Als vielsprachiger Astro-Kabarettist trat er u. a. während internationaler Kongresse in München, Basel, Utrecht und Mailand auf. Er lebt mit seiner Frau Sonja in Neubiberg bei München.

Website: www.erikvanslooten.de

Standardwerke der Astrologie

ERIK VAN SLOOTEN

Klassische Stundenastrologie

Ein Lehrgang zum Selbststudium

Mit einer Einführung in die klassische medizinische Stundenastrologie von Sonja van Slooten

Hardcover, 200 Seiten, zahlreiche Abbildungen und Tabellen

ISBN 978-3-89997-167-5

Zunächst lernen Sie die Grundregeln der klassischen Stundenastrologie kennen. Dann macht Sie dieses Buch mit der Technik und der Deutung bekannt. Sie werden mit den essentiellen und den akzidentellen Würden und den Regeln der Aspektbildung in der klassischen Stundenastrologie vertraut gemacht. Im dritten Teil befasst sich der Autor mit besonderen Themen wie der Zeit- und Ortsbestimmung oder der medizinischen Stundenastrologie. Das Besondere an diesem Buch ist aber vor allem, dass es ein richtiger Lehrgang zum Selbststudium ist. Am Ende eines jeden Kapitels werden zu den behandelten Themen Fragen gestellt, die es Ihnen ermöglichen, zu kontrollieren, ob der Lehrstoff gut verarbeitet und verstanden wurde. Die Antworten finden Sie im Anhang des Buches.

„Am Ende eines jede Kapitels werden zu den behandelten Themen Fragen gestellt, die es dem Studierenden ermöglichen, zu kontrollieren, ob der Lehrstoff gut verarbeitet wurde. Im Anhang des Buches findet man die Antworten dazu. Man kann nur sagen: genial! Umfassender und informativer geht's nicht.“

Meridian 3/2008

Standardwerke der Astrologie

ERIK VAN SLOOTEN

Der klassische Tierkreis und seine Bewohner

Das kosmische Netzwerk von Sonne, Mond und den Planeten

99 Seiten, Hardcover, zahlreiche Abbildungen
ISBN 978-3-89997-187-3

Seit alters her bestaunt die Menschheit den nächtlichen Himmel und dabei entdeckte sie schon früh, dass zwischen den zahllosen Fixsternen bestimmte Himmelskörper 'wandern'. Die Planeten wurden als die Götter betrachtet, die das irdische Leben beherrschen und man stellte sich vor, dass jede Gottheit sich im lebendigen und fest strukturierten Organismus des Tierkreises einen oder zwei Orte zueignete, den sie als ihr Zuhause betrachtete. In diesen ihren 'Domizilen' können die Planeten ihre besten Eigenschaften entfalten. So hat beispielsweise die Sonne ihr Domizil im Tierkreiszeichen Löwe, der Mond im Krebs, Merkur in den Zwillingen und in der Jungfrau usw. Erik van Slooten beschreibt diese Wechselbeziehungen auf sehr anschauliche Weise und entwirft dadurch ein lebendiges Bild, das auch dem Anfänger die klassische Astrologie mit Leichtigkeit näherbringen wird.

„Das Buch ist so leicht und so gut geschrieben, dass es sich auch gut zum verschenken eignet! Wie bitte? Richtig gehört, zum Verschenken! Wenn die Fachastrologie einmal soweit ist, dass man ihre Bücher auch dem schenken kann, der „eigentlich bloß" Laie ist, dann ist eine neue Qualität erreicht: Astrologie wird öffentlich wahrnehmbar."

Sternzeit 43/2010

Standardwerke der Astrologie

JAKOB VAN SLOOTEN UND
ERIK VAN SLOOTEN

Die Mondphase der Geburt

Eine astro-psychologische Charakterkunde

122 Seiten, Hardcover
ISBN 978-3-89997-204-7

Es macht einen Unterschied, ob jemand bei abnehmendem Mond oder bei Vollmond geboren ist, denn der betreffende Mensch zeigt je nachdem eine andere Einstellung zum Leben. Außerdem lässt sich an den Mondphasen auch die spätere Entwicklung des Geborenen ablesen. Die Berechnung der individuellen Mondphase wird von den Autoren erläutert und ist mit den beigegebenen Tabellen ohne weitere Hilfsmittel möglich. Anschließend werden die zwölf Mondphasen-Typen beschrieben und anhand zahlreicher Beispiele dargestellt. Das Buch bietet eine fundierte Charakterkunde, die Sie sofort praktisch umsetzen können.

„Dieses Buch bietet nicht nur dem geschulten Leser, sondern auch dem Laien viele interessante Anregungen und Erkenntnisse über bestimmte wesentliche Antriebe des eigenen Charakters und über die Eigenschaften seiner Mitmenschen. Bei der Lektüre ist man permanent versucht, die Mondphase aller Freunde, Bekannten und Familienmitglieder nachzuschlagen, und so wird das Buch zu einem aktiven Lebensbegleiter und einer großen Bereicherung für den Alltag."

Astrologie Heute Nr. 155

Standardwerke der Astrologie

RAFAEL GIL BRAND

Lehrbuch der klassischen Astrologie

gebunden, 424 Seiten, 20 Abbildungen.

ISBN 3-925100-47-7

Sich mit der antiken und mittelalterlichen Astrologie zu befassen mag manchem überholt erscheinen. Schließlich haben sich die Zeiten verändert, und unser gesamtes Weltbild hat wenig gemein mit den Anschauungen unserer Vorfahren. Dennoch zeigt sich gerade in jüngster Zeit weltweit eine stärkere Hinwendung zu den frühesten Quellen. Mit dem vorliegenden Buch wird es ermöglicht, die Techniken und Arbeitsweise der griechischen und mittelalterlichen Astrologie kennen zu lernen und zu verstehen. Dabei geht der Autor weit über das hinaus, was gemeinhin als klassische Astrologie bezeichnet wird. Als fundierter Kenner der Originalschriften hebt er besonders die in Vergessenheit geratenen oder scheinbar überholten Deutungselemente hervor. Es gelingt ihm, auch solche Methoden, die uns fremd erscheinen, aus der damaligen Weltanschauung heraus zu entziffern und zu verstehen. Die antiken Methoden werden umfassend dargestellt und so wiedergegeben, dass sie auch für den heutzutage an Astrologie interessierten Leser nachvollziehbar und leicht anzuwenden sind, was eine Erweiterung der bisherigen Deutungsmöglichkeiten verspricht.

»Gil Brands Buch schließt die Lücke, die sich in der Entwicklung der klassischen Astrologie seit dem Ersten Weltkrieg aufgetan hat. Es ist damit wohl das wichtigste Standardwerk der Astrologie seit langem!«
sternZeit

Klassiker der Astrologie

JEAN BAPTISTE MORIN DE VILLEFRANCHE

Astrologia Gallica

Buch XXI
Übersetzt von Erich Thaa, eingeleitet und kommentiert von Reinhardt Stiehle
173 Seiten, Paperback
ISBN 978-3-925100-26-0

Es ist eine Ironie des Schicksals, dass in der Astrologie heute sehr wenig über das Werk jenes Mannes bekannt ist, der ihre Deutungsgrundlagen ganz entscheidend geprägt hat: Jean Baptiste Morin, der im Jahre 1630 als Professor der Mathematik an das Collège de France berufen wurde. Das Lebenswerk von Morin trägt den Titel ASTROLOGIA GALLICA, ein mächtiger in 26 Bücher eingeteilter Foliant. Sein Ausgangspunkt ist die Lehre des Ptolemaeus, dessen Werk er aber von allen mittelalterlichen Zusätzen und abergläubischen Regeln bereinigte und mit den Kenntnissen des 17. Jahrhunderts aktualisierte. Das Kernstück seiner astrologischen Theorie bildet die im 21. Buch der ASTROLOGIA GALLICA dargestellte Determinationslehre.
Im ersten Teil des 21. Buches untersucht Morin die Theorien über den Einfluss der Gestirne. Im zweiten Teil beschreibt er sein Lehrgebäude im Detail. Dabei vertritt er die Auffassung, dass die ausschließliche Herrschaft der Planeten und Zeichen vorrangig zu behandeln sei und beschreibt alle Varianten anhand von eingängigen Beispielen.

»Die Ausgabe des Chiron Verlages stellt die erste lesbare Übersetzung ins Deutsche dar und ist schon aus diesem Grunde für den heutigen Astrologen wärmstens zu empfehlen.« *Astrologie Heute*

Klassiker der Astrologie

WILLIAM LILLY

Christliche Astrologie

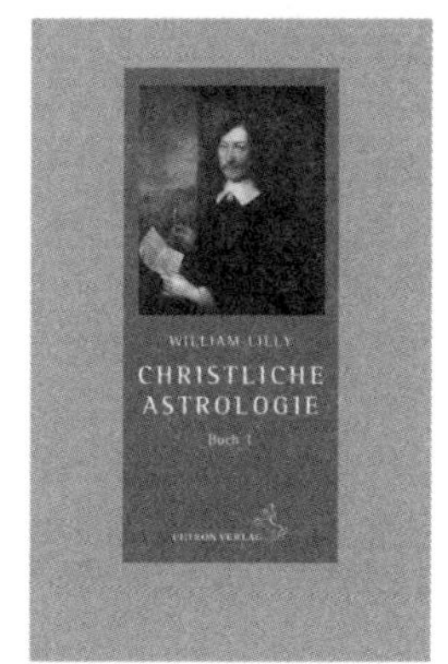

Buch 3

493 Seiten, Leinen, 3 Abbildungen

ISBN 978-3-89997-166-8

Im dritten Teil dieses Klassikers behandelt der Altmeister die Deutung des Geburtshoroskops nach klassischer Manier. Er beschreibt die Methoden zur Geburtszeitkorrektur. Dann stellt er ausgiebig alle Regeln zur Analyse eines Horoskops vor, wobei er den Schwerpunkt auf die Themen Gesundheit, Besitz und Partnerschaft legt. Anschließend behandelt er die Prognose mit den Profektionen, Transiten, Revolutionen und den Progressionen. Den Abschluss bildet das Beispielhoroskop eines englischen Kaufmanns, dem er eine Vorhersage für 25 Jahre machte. So ist dieses Buch ein großer Gewinn für die eigene Deutungsarbeit.

»Christliche Astrologie – alle drei Bücher – ist eines der großen astrologischen Meisterwerke, das eigentlich in keiner astrologischen Büchersammlung fehlen dürfte. Die klassischen Methoden, die Lilly beschreibt, sind einfach, klar und effektiv. Sehr zu empfehlen für alle Astrologen, die sich für die traditionellen Methoden interessieren.«

Meridian 3/2009

Standardwerke der Astrologie

ROBERT HAND

Traditionelle Astrologie

Ganzzeichenhäuser –
Tag- und Nachthoroskope

184 Seiten, Hardcover, 10 Abbildungen

ISBN 978-3-89997-157-6

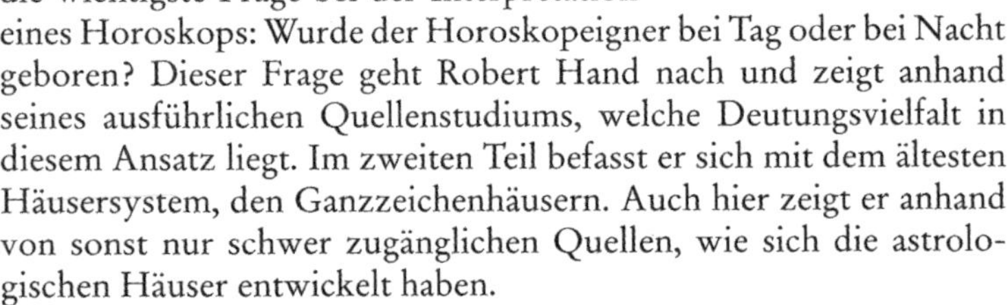

Für einen Astrologen der Spätantike war die wichtigste Frage bei der Interpretation eines Horoskops: Wurde der Horoskopeigner bei Tag oder bei Nacht geboren? Dieser Frage geht Robert Hand nach und zeigt anhand seines ausführlichen Quellenstudiums, welche Deutungsvielfalt in diesem Ansatz liegt. Im zweiten Teil befasst er sich mit dem ältesten Häusersystem, den Ganzzeichenhäusern. Auch hier zeigt er anhand von sonst nur schwer zugänglichen Quellen, wie sich die astrologischen Häuser entwickelt haben.
Beide Methoden werden mit Horoskopbeispielen untermauert, so dass Sie unmittelbar den praktischen Nutzen für Ihre eigenen Deutungen erkennen können. Durch die gelungene Synthese aus Klassik und Moderne hat Robert Hand ein wegweisendes Buch für die Astrologie der Zukunft geschrieben.

»So wird dieses kleine Buch eine Fundgrube für Deutungsansätze, die für viele moderne Astrologen so neu wie aufschlussreich sein dürften. Es regt an zum eigenen Forschen und Experimentieren, handelt es sich ja um Konzepte und Techniken, die unmittelbar und ohne weitere Berechnungen aus dem Horoskop erkennbar sind.« *Meridian*

CHIRON VERLAG

Standardwerke der Astrologie

ERIK VAN SLOOTEN

Leitfaden der traditionellen Astrologie

Klassische Astrologie kurz und bündig

124 Seiten, Paperback, 37 Abbildungen
ISBN 978-3-89997-252-8

Was versteht man unter klassischer Astrologie? Welche Methoden werden verwendet? Wie deutet man nach den Regeln der Tradition? Was versteht der klassische Astrologe unter Prognose? Was steckt hinter der Stundenastrologie? Welche Rolle spielen Fixsterne? Auf diese Fragen und weitere geht der Autor ein präzise ein. So kann sich der Leser schnell ein genaues Bild von den besonderen Ansätzen und Denkweisen der traditionellen Astrologie machen.

»Wie schön, dass es diesen verdienstvollen Leitfaden gibt. Wer sich bisher aus ideologischen («wahrsagerische Astrologie») oder pragmatischen («klingt alles so kompliziert») Gründen nicht an die traditionell-klassischen Techniken herangetraut hat, findet in diesem Leitfaden der traditionellen Astrologie auf knappem Raum alles, was er braucht, um sich seine Vorurteile gründlich vermiesen zu lassen. (…) Und wer den klaren Überlegungen von Erik van Slooten folgt, stellt fest, dass die traditionelle Klassik weit weniger «kompliziert» ist – und alles andere als wahrsagerische Schwarzweißmalerei. So eine Darstellung war überfällig.«.

Astrologie Heute Nr. 191/2018

Standardwerke der Astrologie

ERIK VAN SLOOTEN

Die Gunst der Stunde

Terminwahl mit Elektionsastrologie

77 Seiten, Paperback, 20 Abbildungen
ISBN 978-3-89997-263-4

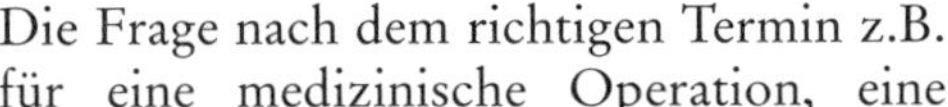

Die Frage nach dem richtigen Termin z.B. für eine medizinische Operation, eine Eheschließung, den Antritt einer Reise oder die Gründung einer Firma werden immer wieder gestellt. In diesem praktischen Buch beschreibt Erik van Slooten zunächst die Mondelektionen als einfache Methode für die astrologische Terminwahl. Anhand von Beispielen, zeigt er außerdem wie man bei Elektionen Schritt für Schritt vorgeht, um den richtigen Zeitpunkt für wichtige Unternehmungen zu finden.

»Das Buch ist durch seinen systematischen Aufbau und seine Anleitungen sowie durch die geschilderten Beispiele sowohl für Einsteiger als auch für Fortgeschrittene in der Stundenastrologie geeignet, sich mit den wichtigsten Grundlagen vertraut zu machen und eigene Elektionen zu berechnen.«

Meridian 6/2019